어디서든
통하는
말하기
SKILL

어디서든 통하는 말하기 SKILL

초판 1쇄 인쇄   2024년 9월 23일
초판 1쇄 발행   2024년 9월 30일

지은이   지바 가오리
옮긴이   신찬
펴낸이   이종두
펴낸곳   (주)새로운 제안

책임편집   엄진영
본문디자인   프롬디자인
표지디자인   프롬디자인
영업   문성빈, 김남권, 조용훈
경영지원   이정민, 김효선

주소   경기도 부천시 조마루로385번길 122 삼보테크노타워 2002호
홈페이지   www.jean.co.kr
쇼핑몰   www.baek2.kr(백두도서쇼핑몰)
SNS   인스타그램(@newjeanbook), 페이스북(@srwjean)
이메일   newjeanbook@naver.com
전화   032) 719-8041
팩스   032) 719-8042
등록   2005년 12월 22일 제386-3010000251002005000320호
ISBN   978-89-5533-658-0 (03190)

모두가 당신에게 빠져든다!

어디서튼 통하는 말하기 SKILL

지바 가오리 지음 · 신 찬 옮김

새로운제안

말을 잘하는 사람이 항상 부러웠습니다. 어디를 가든 빛나고 주목받는 사람은 말을 잘하는 사람이었습니다. 저는 그런 존재와는 정반대이기라도 한 듯 말하기에는 전혀 재능이 없는, 그저 성실하기만 한 평범한 사람이었습니다. 입시 면접에서 말문이 막혀 머뭇거리기도 했고 어설픈 말로 실망을 사기도 했습니다. 대화할 때면 의견 대립이 두려워 고개만 끄덕였습니다. 말재주가 없는 내 자신이 줄곧 한심스러웠습니다.

그냥 성실하게 산다고 얻을 수 없는 능력. 과거의 저에게 '말재주'는 반드시 손에 넣고 싶은 능력이었습니다. 세월이 흘러 지금 저는 주로 직장인을 대상으로 AI 진단과 트레이닝을 조합한 '말하기 트레이닝' 서비스를 제공하는 스타트업을 경영하고 있습니다. 저 또한 스피치 라이터 트레이너로서 경영인이나 정치인을 클라이언트로 두고 지금까지 5,000명 이상에게 말하기를 지도해왔습니다.

15살 때부터 웅변을 시작해서 전국웅변대회에서 3번 우승했습니다. 신입으로 입사한 회사에서는 스피치 라이터 트레이너 프로젝트를 기획하여 대표이사를 비롯하여 임원진, 인사팀, 영업팀 등의 임직원을 대상으로 말하기를 지도했으며 현재의 회사를 창업하기에 이르렀습니다.

원래 말재주와는 거리가 멀었던 제가 어떻게 말하기에 특화된 성과를 내고 일반인을 대상으로 말하기를 개선하는 시스템까지 구축할 수 있었을까요?

그것은 '말하기 SKILL'을 구상하여 실천해 왔기 때문입니다.

안녕하세요. 주식회사 카에카의 대표를 맡고 있는 지바 가오리 千葉加織입니다. 이 책을 선택해주셔서 감사합니다. 이 책은 저와 말하기 트레이닝 서비스를 제공하는 카에카의 경험과 지식, 실적을 바탕으로 여러분의 인생을 극적으로 개선하는 말하기 SKILL을 소개합니다. '말하기'라는 지극히 인간적인 행위에 'SKILL'을 넣으니 다소 위화감을 느끼는 분도 계시리라 생각합니다. SKILL이라고 하면 사실을 부풀린다거나 사람을 심리적으로 몰아서 원하는 것을 얻으려고 한다는 차가운 인상을 먼저 떠올리기 마련입니다. 하지만 이 책은 절대 그런 내용이 아닙니다.

'말하기 SKILL'은 전하고 싶은 이야기가 듣는 사람에게 잘 전달되도록 이야기의 목적에 따라 말·음성·동작을 어떻게 구사할 것인가를 수립하는 일입니다. 이는 여러분 자신의 경력을 키우고 새로운 일에 도전할 때 반드시 필요한 마인드셋입니다. 즉 '말'의 효과를 극대화하여 주위 사람의 이해를 이끌어내서 함께 보다 나은 세상을 실현하는 데 필수적인 능력입니다. SKILL은 전혀 차갑지 않으며 삶에 열의와 활력을 불어넣어 줍니다.

💬 말하기에 '재능'은 필요 없다

제가 '말하기 SKILL'을 처음으로 의식하게 된 계기는 고등학교 1학년 때로, '웅변'을 접하면서입니다. 웅변은 연설대회입니다. 홀로 연단에 서서 7분 동안 자기주장을 피력합니다. 원고는 스스로 작성하고, 어떻게 말할 건지 궁리하고 암기하여 사람들 앞에서 발표합니다. '토론'과 혼동하는 사람도 있지만 주어진 주제에 찬성 측과 반대 측으로 나누어 겨루는 토론과는 달리, 청중을 향해 일방적으로 '스피치'를 이어가는 것이 특징입니다.

사람들 앞에서 긴장하지 않고 당당하게 말하는 선배들의 멋진 모습에 반해서 덜컥 웅변 동아리에 가입은 했지만 특별히 이야기하고 싶은 주장도 없을뿐더러 말주변도 없었기에 이른바 멘붕에 빠지고 말았습니다. 대회 경험이나 선후배와 관계없이 그 사람의 이야기가 알기 쉬운지, 마음에 남는지, 그렇다면 그 이유는 무엇인지, 그렇지 않다면 왜 아닌지 개선책을 찾는 논의를 활발하게 벌이는 동아리였던 것입니다.

기초적인 발성 연습부터 시작해서, 숙제 못지않게 열심히 작성한 원고를 선배는 물론이고 후배에게까지 지적당하면서 퇴고합니다. 스무 번 이상 고쳐 쓴 끝에 납득할 만한 원고가 만들어지면, 전체 1,600자를 외워서 누구에게나 정열적이고 명확하게 들리도록 매일 세 시간씩 말하기 연습을 이어간 끝에 대회에 출전했습니다. 이런 생활을 반복하며 학창 시절을 보냈습니다. 그런 환경에서 단련한 덕분인지 전국웅변대회 3회 우승이라는 성과를 올릴 수 있었습니다.

웅변 동아리에서 '말하기 대회'를 경험하면서, **하고 싶은 이야기로 사람의 마음을 움직이고 시선을 끌려면 전략을 세워 말을 엮어가야 한다는 사실을 실감했습니다. 그리고 말재주가 선천적인 능력이 아니며, 스포츠나 음악과 마찬가지로 방법을 터득해서 궤도를 조금씩 수정해가면 반드시 향상된다는 '깨달음'을 얻었습니다.**

정말로 제게 말재주가 있었다면 아무런 생각과 노력 없이도, 나오는 대로 거침없이 말해도 원하는 결과를 얻을 수 있어야 했습니다. 하지만 그런 일은 결코 없었습니다. 보통 사람이라면 저와 마찬가지로 말재주가 그리 뛰어나지 않다고 생각합니다. 그렇기 때문에 여러분도 '전략적으로 말하기'를 의식하고 실천하면 유창한 말솜씨로 자신의 인생을 개척할 수 있습니다.

💬 '말하기 SKILL'의 폭넓은 활용성

이 책에서 전하는 내용은 다음과 같습니다. '들어가기 앞서'에서는 말하기 SKILL의 특징을 '체계화'라는 키워드를 축으로 설명했습니다. 이해하는데 도움이 되도록 필자가 스피치 라이터 트레이너로서 수행한 최근의 사례를 함께 소개했습니다. 실천적인 마인드셋이나 방법론은 제1부부터 등장하지만 이 부분을 읽으면 여러 가지 전제를 확인할 수 있어 보다 깊은 학습이 가능할 것입니다. 그리고 본문은 크게 3부로 이루어져 있습니다.

제1부에서는 전략 수립 시 확인해야 할 '3가지 원칙'을 설명했습니다. 말하기의 기초를 이루는 사고방식에 대해 알려드리겠습니다.

제2부에서는 '언어' SKILL을 다뤘습니다. 원칙에 입각해 어떤 표현을 선택할지, 어떤 순서로 이야기할지, 어떤 내용을 담을지 등과 같은 구체적인 방법에 대해 알아보겠습니다.

제3부는 '음성·동작' SKILL입니다. 어떻게 느낌으로 말할지, 어떻게 하면 알기 쉽고 명료하게 표현할 수 있는지, 말을 돋보이게 하는 동작은 어떤 것들이 있는지 등과 같은 음성과 동작의 요소들을 일일이 분석해서 상세히 설명했습니다.

SKILL은 좋은 사례를 모방해서도 기를 수 있습니다. 이 책에서는 유명한 경영자, 정치인, 연예인, 스포츠 선수 등이 어떻게 말하는지 실례를 풍부하게 다뤄서 분석했습니다. 주로 연설을 많이 인용했지만 여기서 배운 말하기 SKILL은 일상생활의 다양한 상황에서도 활용할 수 있습니다. 거래처와의 상담이나 프레젠테이션, 상사·부하와의 커뮤니케이션, 각종 회의, 취직이나 이직 면접, 결혼식 축사에 이르기까지 **'말하기'라는 행위를 통해 무언가를 이룰 수 있는 모든 상황에 도움이 됩니다.** 상황은 다양하겠지만 몸뚱이 하나만으로 이야기한다고 하는 '말하기'의 본질에는 변함이 없습니다.

이 책은 예전의 저처럼 말재주가 없거나, 그래서 주위의 눈총을 받으며 살아온 분이라면 꼭 읽어 주시길 바랍니다. 그렇지 않은 분이라도 자신의 말하기를 더욱 단련할 수 있는 기회가 될 수 있다고 자부합니다. 지금까지 혼자 고민하고 실천하느라 이론적 근거가 부족해서 체계적으로 배우고 싶은 분이나 보다 전문적인 지식이 필요한 분에게는 자신의 말하기를 되돌아보는 분석의 계기가 될 것입니다.

  '말하기 SKILL'이라는 사고방식을 갖고 노하우를 익히면 주목받는 삶을 살 수 있습니다. '말하기'라는 하나의 주제에 인생을 건 한 사람의 인간으로서 감추는 것 없이 마음을 담아 이 책을 소개합니다.

1 PART

SKILL의 기본 · 잘 전달하기 위한 3가지 원칙

2 PART

'언어'의 SKILL

1 CHAPTER   언어화
하고 싶은 이야기를 '한마디로 말하면?'

4 CHAPTER

팩트

'납득'을 낳는 '사실' 활용법

3 PART

'음성·동작'의 SKILL

7 CHAPTER   **침묵**

·· '침묵'이야말로 최고의 말하기 스킬

신체 표현

'말하기 SKILL'이란

철저히 '체계화'하여 탄생한 최강의 방법론

이 책에서 설명하는 '말하기 SKILL'은 큰 특징이 있습니다. 바로 철저히 '체계화'했다는 점입니다. 2019년에 지금의 회사를 창업하면서 말하기 SKILL을 누구나 실천할 수 있도록 시도했습니다. 바쁜 직장인도 올바르게 노력하면 익힐 수 있는 방법을 찾고 싶었습니다. 그러기 위해서는 '말하기'를 구성하는 요소를 일일이 나누고 정의해서 누구나 이해할 수 있게 체계화하는 작업이 반드시 필요했습니다. 하지만 알려진 지침서도 없는 실정이고 애초에 말하기에 절대적인 정답도 없습니다. 그렇기에 알기 쉽게 체계화하기는 매우 어려웠고 그 작업은 상상을 훨씬 뛰어넘는 험난한 길이었습니다. 우선 과거의 경험을 모조리 떠올려 봤습니다. 말재주가 없던 저는 웅변을 시작하면서 도전과 실패의 과정을 거치며 나름의 스킬을 익혔고 갖춰야 할 마인드도 터득했습니다.

또한 '말재주가 뛰어난 사람'의 동영상이나 텍스트를 분석해 그 공통점을 찾아 노하우의 질을 높였습니다. 수많은 논문을 참고하여 과학적인 실증도 거쳤습니다. 그러한 지식을 바탕으로 직접 스피치 라이터 트레이너가 되어 현장에 뛰어들었습니다. 말하기에 애로를 겪고 있는 수많은 사람을 만나면서 그들을 폭넓게 이해하게 되었고 어떤 순서와 접근법으로 문제점을 해결해야 하는지 경험치를 쌓았습니다. 그리고 '말하기 전문가'인 트레이너 및 엔지니어와 함께 축적한 데이터를 분석하고 논의를 거듭하는 과정을 거쳐 체계화를 실현했습니다.

다음 페이지에 도표로 정리했습니다.

말하기 SKILL의 3가지 원칙

1 원칙
'말하는 목적'을 명확히 한다.

'언어' SKILL

언어화	코어 메시지를 만든다. 코어 메시지를 다듬는다.
구성	목적에 따른 순서로 이야기한다. 정보 밸런스를 고려한다. 이야기의 일관성을 확보한다. 말의 첫머리와 마무리를 고민한다.
스토리	공감을 주는 스토리를 이야기한다. 자신의 약점 및 강점을 알린다. 시간축, 감정, 오감을 묘사한다.
팩트	적절한 사실 정보를 제공한다. 자신과 사회를 연결시킨다. 숫자로 표현한다.

스토리와 팩트를 조합한다.

미사여구	대화문 및 명언을 인용한다. 듣는 이의 기분을 대변한다. '자리'의 가치를 강조한다.

2 원칙 ········· '대상'을 분석한다.

3 원칙 ········· '말'을 의식한다.

발성
호흡의 구조를 이해한다.
복식호흡으로 큰소리를 낸다.
목소리의 크기를 조절하여 심정을 표현한다.
일정한 속도로 이야기할 수 있도록 한다.
상대방과 상황에 맞춰 말하는 속도를 결정한다.
이야기의 내용에 따라 말하는 속도에 변화를 준다.
목소리의 높낮이를 조절한다.
중요한 이야기는 목소리의 톤을 높인다.

침묵
적절한 침묵을 확보한다.
불필요한 추임새를 인식하고 없앤다.

신체 표현
몸의 중심과 손발의 위치를 안정시킨다.
표정·시선을 관리한다.
말하는 위치를 고민한다.
제스처로 다채로운 표현을 한다.

💬 말하기를 '언어'와 '음성·동작' 2가지 축으로 분석

그럼 앞의 도표를 구체적으로 설명하겠습니다. 먼저 타인에게 무언가를 '말로 전달'하려면 말을 시작하기 전 단계부터 생각해야 할 것이 있습니다. 그뿐만 아니라 '말하기'라는 행위의 특징을 제대로 인식하고 있어야 합니다. 이것이 말하기 SKILL의 기본에 해당하는 '3가지 원칙'입니다. 그리고 말하기를 '언어'와 '음성·동작'의 2가지 축으로 나누어 방법론을 제시했습니다.

첫 번째 축은 '언어'입니다. 문자 그대로 언어 정보 전반, 구술하는 말을 고르는 방법입니다. 하고 싶은 이야기를 언어화하는 법, 알기 쉽게 전달하는 구성법, 사람의 마음을 사로잡는 법, 숫자나 실제 사건 등 사실 정보를 취급하는 법 등이 포함됩니다.

두 번째 축은 '음성·동작'입니다. 이른바 비언어 정보에 해당하는 것입니다. '음성'은 말할 때의 억양(목소리의 상태나 사이 활용법)을 분석하고 사람들의 주목을 이끄는 발성법 및 말할 때의 사이를 활용하는 법 등을 설명합니다. '동작'은 신뢰를 주는 자세 및 표정 유지법, 시선의 옮기는 법, 말을 강조하고 알기 쉽게 전하는 제스처 등 몸을 사용하는 행위를 가리킵니다.

어디서든 통하는 말하기 SKILL

중요한 것은 이 2가지 축을 모두 분석해서 이해하고 실천해야 합니다. 왜냐하면 어느 한쪽만을 강화해서는 진정한 의미의 말하기 트레이닝이 아니기 때문입니다. 예를 들면 아무리 세련된 '언어'를 구사해도 '에~ 오늘은요~, 저~ 제가~ 그러니까~' 등과 같이 듣기 거슬리는 습관이 있거나 표정 및 자세가 불안정하면 빛을 발하지 못합니다. 또 '음성·동작'만 연습해서 수려한 발음과 호감 넘치는 얼굴로 이야기한다고 합시다. 하지만 정리되지 않고 맥락 없는 언어로 주절거리면 하고 싶은 이야기가 전달될 리가 없습니다.

양쪽의 기술을 모두 갖추어야 진정한 의미에서 말하기가 능숙하다고 할 수 있습니다.

💬 말하기 학습의 문제점

이렇게 '2가지 축'으로 나누어서 생각해야 한다는 사실을 알고 있는 사람은 극히 드뭅니다. 그 이유는 '말하기'라는 말 자체를 꽹장히 어중간하게 받아들이고 있기 때문입니다. 이는 말하기 교육이 해결해야 할 과제이기도 합니다.

요즘은 말하기를 가르친다고 내세우면서도 '언어'와 '음성·동작'의 어느 한쪽만 지도하거나 '마인드'만 알려주는 사례가 많습니다. 물론 자신의 문제점을 제대로 알고 스스로 적절한 해결책을 선택할 수 있다면 좋겠지만, 개개인의 말하기 문제점은 너무나 광범위해서 하나로 좁힐 수 있을 정도로 단순하지 않습니다.

구사하는 어휘의 양이나 속마음 전달에 어려움을 느끼는데 긴장을 풀어주는 마인드셋을 먼저 배운다거나, 말이 빨라서 고민인데 입을 푸는 훈련만 서두르기도 합니다. 또 의견을 말로 표현하는 스킬이 필요한데 '이럴 때는 이렇게 말하시오'와 같은 단순 대처법을 소개한 책을 선택합니다. 이처럼 순서가 잘못된 학습법을 선택하는 사람이 많습니다. 순서를 무시한 해결책은 시간과 돈 낭비에 지나지 않습니다.

트레이닝을 제공하는 전문가도 책임이 있습니다. 개인이 처한 문제와 무관한 해결책을 강사 자신이 잘하는 분야라고 해서 밀어붙이는 경우가 적지 않습니다. 극히 일부의 성공 사례만으로 문제 해결을 시도하려는 사람과 콘텐츠가 무분별하게 넘쳐나고 있는 실정입니다. 이들은 모두 '말하기'라는 단어의 모호한 해석이 야기한 안타까운 현상입니다.

젊은 정치인의 연설이 청중을 사로잡은 이유

지금부터는 스피치 라이터 트레이너로 일하면서 말하기 SKILL이 효과를 발휘했던 실제 사례를 소개하겠습니다. **언어** 와 **음성·동작** 2가지 축이 어떻게 드러나는지 주목해 주기 바랍니다.

2023년 효고현 아시야시에서 사상 최연소 시장이 탄생했습니다. 바로 다카시마 료스케 시장입니다. 26세라는 이례적인 젊은 나이로 시장에 당선되어 많은 주목을 받으며 차세대 리더로 기대받고 있는 정치인입니다. 필자는 선거에서 다카시마 후보를 서포트했습니다. 그는 하버드 대학에서 스피치 관련 강의를 듣거나 자신의 내면을 깊이 고민한 에세이를 집필한 경험이 있었습니다.

그래서 **언어** 자신의 열정이나 생각과 관련된 부분, 실무적인 정책에 관련된 부분의 밸런스가 좋아 매우 알기 쉽게 말하는 스타일이었습니다. 당시 다카시마 후보의 문제점은 '목소리의 높이'였습니다. 시장 후보로는 이례적으로 젊은데다가 목소리의 톤마저 높아 너무 어리다는 부정적인 인상을 준다는 고민이었습니다. 그래서 유권자에게 '마냥 어리지만은 않다'는 인상을 어필할 수 있는 트레이닝을 실시했습니다. 처음에는 원래의 발성법으로 '복식호흡'을 의식하면서 말하는 훈련을 했습니다. 이를 통해 **음성·동작** 듣기 편하고 안정감 넘치는 목소리를 만들 수 있었습니다.

이어서 목소리의 높이를 의식적으로 바꾸는 훈련을 했습니다. 높은 목소리를 살리면서 낮은 목소리도 단련하여 [음성·동작] 전하고 싶은 이야기에 맞춰 목소리를 적절하게 구분하여 구사하는 훈련을 반복했습니다.

동시에 제스처 훈련도 했습니다. 연설할 때 손을 들고 계속 흔드는 등 제스처를 난발하는 정치인이 많은데, 다카시마 후보는 오히려 적어서 문제였습니다. '특히 호소하고 싶은 부분'을 확인해서 [음성·동작] 어떤 타이밍에, 어떤 각도로, 어떤 모양으로 손을 움직여야 이야기를 좀 더 알기 쉽게 전달할 수 있는지를 추구했습니다. 다카시마 후보의 한결같은 노력이 결실을 맺었는지 트레이닝 종료 후에 나선 연설에서는 매번 연설장에 오는 지지자들로부터 "전달 방식이 완전히 달라졌어요. 너무 좋아요!"라는 격려를 받았다고 합니다. 그 후에는 연단에 오르는 장면에서도 몸짓이나 손짓을 추가하는 등 보다 알기 쉽게 말하는 기술을 구사할 수 있게 되었고 청중을 매료시키며 큰 박수갈채를 받는 일이 많아졌습니다.

말할 때 듣는 사람을 깊이 고려하는 자세는 리더의 필수 자질이라고 생각합니다.

어디서든 통하는 말하기 SKILL

💬 입학식 연설에 숨겨진 SKILL

말하기 SKILL이 효과를 발휘하는 무대는 정치의 세계에만 한정되지 않습니다. 필자는 TV 프로그램 기획으로 유명 방송인의 연설을 도운 적이 있습니다. 대학 입학식 연설이었는데, 첫 만남부터 당일 행사까지 주어진 시간은 기껏해야 2주뿐이었습니다.

한창 주가가 오른 유명인으로 정신없이 바쁜 일상을 보내던 그녀였지만 TV 녹화 중에도 틈틈이 짬을 내거나 차량을 함께 타고 가며 의견을 나눴고 한밤중에 만나 이야기를 나누는 날도 많았습니다. 때로는 뜨거운 논쟁을 벌이며 몇 번이고 서로의 생각을 주고받았습니다. 그녀가 정말로 전하고 싶은 이야기를 함께 찾는 과정이었습니다.

그리고 당일, 서프라이즈로 학생들 앞에 등장한 그녀의 연설은 청중의 마음을 제대로 사로잡습니다. 눈물을 흘리는 사람이 있을 정도로 '연설의 신'이라며 SNS까지 뜨겁게 달궜습니다. 성공적으로 끝난 이 연설은 사실 매우 전략적이었습니다.

그녀가 **언어** 신입생에게 보낸 메시지는 '꿈을 향해 도전하자!'였습니다. 엉뚱하고 유쾌한 이미지의 평소 캐릭터로 보면 너무 뻔한 말인 것 같기도 합니다. 또 너무 흔한 말이기도 합니다. 하지만 그 메시지에는 과거 그녀가 기획사 연습생 시절 '인생의 보험'이라는 생각으로 대학을 다녔던 것, 보험이 있지만 '도전'을 멈추지 않았다는 것, 희극인으로 성공하는 사람은 극소수에 불과하지만 코미디 세계를 떠난 동기들도 행복하게 잘 살더라는 것, 그러니까 도전의 끝에는 성공과 실패라는 두 가지 선택지만 있는 것은 아니라는 것 등, 언어 그녀 자신의 경험과 깨달음, 가치관이 녹아 있었습니다.

이처럼 그녀는 평소에 자신이 보여주지 않던 모습을 과감히 드러내고 적나라하게 말할 각오로 기획에 임한 것입니다. 그런 메시지를 최대한 살리기 위해 구성을 함께 다듬어 나갔습니다. 그렇게 완성된 연설문은 그녀 자신의 다양한 아이디어로 가득 차 있습니다.

시작은 다음과 같습니다.

여러분, 입학 축하해~! ○○○이야~! 맞아~ 연예인이 갑자기 찾아와서 좋은 이야기를 들려주는 바로 그거야~! 좋지~? 근데 이런 자리에서 어른들은 '다들 꿈을 향해 도전하십시오!'라는 이야기만 하잖아? 어때? 그건 좀 짜증 나지?(웃음)

얼마 전까지만 해도 고등학생이었던 어린 언어 청중의 눈높이에 맞춰 솔직한 마음의 소리를 들려주었습니다. 이로 인해 입학식장은 '식상하지 않은 신선한 이야기를 들을 수 있다'는 기대감이 생길 수 있었습니다.

기획사 연습생으로 선발돼도 인기를 끄는 애들은 극히 일부야. 300명 중에 한 명 될까 말까? 나는 그런 환경에 자신의 인생을 통째로 바칠 각오도 용기도 없었어.

언어 인간미가 넘치는 약점을 토로하기도 했습니다. 이런 구절을 앞 단계에 두면, 마지막에 **언어** '그럼에도 역시 도전해야 한다'라는 단순한 메시지가 와도 그 무게감은 한결 더 무겁습니다. 게다가 **음성·동작** 연설 전체를 반말로 진행하고 도중에 스마트폰 카메라를 연설장으로 돌려서 셀카를 찍는 등 그녀만의 매력이 물씬 풍기도 했습니다.

그녀는 자신의 캐릭터를 살리면서도 희망과 불안을 동시에 안고 있는 신입생에게 '뻔한' 메시지를 '전달'하려고 여러 고민을 거듭한 끝에 많은 사람의 마음을 움직인 것입니다.

위의 사례를 통해 **언어** 와 **음성·동작** 이 어떤 차이가 있는지 알수 있었다고 생각합니다. 말하기 SKILL의 효과를 극대화하려면 이 2가지 축을 조합해서 실천하는 것이 무엇보다 중요합니다. 어느 하나만으로는 결코 좋은 결실을 맺을 수 없습니다.

체계화해서 이해하여 대응하면 '말하기'가 완전히 달라집니다.

💬 중요한 것은 '스킬'인가 '마인드'인가

이처럼 체계화를 중시하다 보면 '마인드에 너무 소홀한 거 아닌 가?'고 착각하기도 합니다. 시중의 말하기 관련 도서들과 학원 및 컨설팅 등의 업계에서는 흔히 '스킬과 같은 잔재주는 의미가 없다. 절실한 마인드가 중요하다'는 식의 주장을 펼칩니다. 필자는 '마인 드가 중요하다'는 의견에 크게 찬성합니다. 하지만 **'중요한 것은 마 인드이지, 스킬은 필요 없다'라든가, 반대로 '중요한 것은 스킬이지, 마인 드는 관계없다'라는 극단적인 주장에는 동의할 수 없습니다.**

'말하기' 이외에 다른 분야에 대해서 한번 생각해봅시다. 가령 평소 업무에서 '스킬은 의미가 없다'고 생각되는 경우가 있을까요? 연차가 쌓이면서 점차 자료 작성이나 소통, 협상 등 실무 스킬이 몸에 익고 실력이 붙습니다. 그리고 큰 성과를 내고 싶으면 그 일 을 해내겠다는 열의, 마인드가 필수적입니다. 즉 스킬도 마인드도 둘 다 똑같이 중요합니다. **왜 그런지 말하기 분야에 대해서만 '마인드 만 있으면 된다'는 식의 사고가 만연한데 저는 이 주장에 분명히 반대합 니다.**

그럼 필자는 어떻게 생각하고 있을까요? 결론부터 말하면 **'스킬 을 익혀서 마인드를 향상시킨다'라는 접근법**입니다.

정보 비율의 활용, 스토리텔링 기법, 억양 분석 등, 스킬의 중요성을 이해하고 실천해야 자신이 무슨 이야기를 하고 싶은지, 상대는 어떻게 받아들이는지, 자신과 상대가 느끼는 차이는 없는지 등의 자기 탐구를 비로소 시작할 수 있습니다. 스킬을 익히는 것은 자신을 돌아보는 것으로도 이어지기 때문에 결과적으로 마인드도 향상됩니다. 이 책은 스킬을 장별로 나누어 설명하였습니다. 각각의 스킬을 배우는 과정에서 자신의 마인드를 돌아본다는 생각으로 읽어나가면 더 많은 도움이 될 것입니다.

스킬도 마인드도 익히면 결과적으로 말을 잘할 수 있습니다. 그런데 '말을 잘한다'라는 표현은 때때로 부정적인 의미로 사용되기도 합니다. 의미 전달이 목적이 아니라 사소한 일에 꼬투리를 잡아 추궁하거나 궁지로 모는 행동은 커뮤니케이션의 본질과는 거리감이 있습니다.

말을 잘하고 싶은 근본적인 목적은 하고 싶은 이야기를 매끄럽게 전달하거나 상대와 원만한 관계를 구축하기 위해서입니다. 독자 여러분은 말하는 사람과 듣는 사람의 마음을 이을 수 있는 소통이라는 관점에 초점을 맞춰주었으면 좋겠습니다.

💬 AI가 대체할 수 없는 커뮤니케이션의 가치

마지막으로 이제는 무시할 수 없는 존재가 된 AI에 대해 언급하고 이번 장을 마무리할까 합니다. 최근에는 ChatGPT를 비롯한 생성형 AI가 본격적으로 비즈니스 현장에 침투하기 시작했습니다. 서점에서는 관련 서적이 산더미처럼 쏟아지고 있고 이미 관련 업무에 활용하는 사람도 많다고 들었습니다. 말하기 분야에서도 예를 들면, '일간 업무보고에서 말할 주제와 내용을 작성해줘.', '부하 직원의 결혼식 축사를 써줘.' 등을 입력하면 그럴싸한 원고가 출력됩니다.

그렇다면 이제는 AI에게 모든 것을 맡기고 인간은 그 활용법만 익히면 될까요? 저는 절대 그렇게 생각하지 않습니다. 오히려 '획일적인 결과물'을 손쉽게 얻을 수 있는 지금이야말로 인간만이 할 수 있는 이야기에 관심을 가져야 할 시대라고 생각합니다.

인간이 말을 하는 근본적인 이유에 대해 생각해 봅시다. 회사나 학교에서의 의사소통, 속마음을 나눌 수 있는 건전한 인간관계 만들기, 도전을 어필하고 인정받기, 속마음을 털어놓고 도움받기 등…. 커뮤니케이션은 인생의 근간을 이루는 행위이며 커뮤니케이션이야말로 삶을 앞으로 나아가게 하는 추진체입니다. 충실한 인생을 살기 위해, 개개인이 품는 작은 소망과 큰 야망을 이룬다는 '목적 달성'을 위해 말을 하는 것입니다. 그러한 본질을 생각하면 '말의 내용은 ChatGPT에게 맡기면 된다', '말하는 게 서툴러서 그런 자리는 피한다'는 식의 자세는 너무나 아쉽습니다.

이번 장에서는 말하기 SKILL의 핵심인 '체계화'에 대해 알아봤습니다. 그럼 이제 '말하기 SKILL'을 익히고 실천해봅시다.

1

PART

SKILL의 기본

잘 '전달'하기 위한 3가지 원칙

제1원칙

'말하는 목적'을 명확히 한다.

제2원칙

'대상'을 분석한다.

제3원칙

'말'을 의식한다.

본격적으로 말하기 SKILL을 알아보기 전에 대전제로 삼아야 할 3가지 기본 원칙이 있습니다. 제1부에서는 'SKILL의 기본'인 3가지 원칙에 대해 설명하겠습니다. 제2부 '언어' 및 제3부 '음성·동작'의 근간을 이루는 원칙입니다. 어떻게 말할지 망설여지거나 고민스럽다면 이 3가지 원칙을 떠올려 봅시다.

'말하는 목적'을 명확히 한다

💬 무엇을 실현할 것인가

첫 번째 원칙은 '말하는 목적을 명확히 한다'입니다. 쓸모없는 잡담을 제외하면 대부분의 말에는 '목적'이 존재합니다. 비즈니스 상황이라면 상품을 판매하거나 제안을 설득하기 위해, 거래처와 원만한 관계 유지를 위해… 등 다양한 목적이 있겠지만 여기서 목적이란 '말로 실현하고 싶은 것'을 가리킵니다. 이를 명확히 했을 때와 그렇지 않았을 때를 비교하면 이야기의 질에 엄청난 차이가 생깁니다. 필자는 말하는 모습을 녹화해서 객관적으로 발견된 문제점을 중심으로 트레이닝을 실시합니다. 자신의 말하는 모습을 처음 본 사람들이 자주 하는 말이 있습니다.

"뭘 말하고 싶어 하는지 잘 모르겠어요."

　본인은 제대로 이야기했다고 생각할지 모르지만 영상 속 모습을 보면 '무슨 말이 하고 싶은 거야?'라고 느끼는 경우가 허다합니다. 그럴 때면 "말할 때 듣는 사람에게 자신의 어떤 점을 어필하고 싶은지, 무엇을 전달하고 싶은지 목적을 생각하셨나요?"라고 묻습니다. 이 질문에 대부분은 '그냥 뭔가 말해야 할 것 같다는 생각으로 이야기했는데 영상을 보고 아무런 목적의식 없이 말하고 있다는 사실을 깨닫고 무척 놀랐다'며 당황해합니다.

　'말하는 목적을 명확히 한다'라는 문장만 보면 극히 당연한 말처럼 보일지 모르지만 실천하기는 생각만큼 쉽지 않습니다.

💬 교장 선생님의 말씀이 긴 이유

　이상하게 교장 선생님의 말씀은 항상 길게 느껴집니다. 물론 규정된 시간을 지키면서도 훌륭한 이야기를 들려주시는 교장 선생님도 많이 계십니다. 하지만 현장 선생님들의 이야기를 들어 보면 대부분의 교장 선생님은 정해진 시간 이상으로 이야기를 한다고 합니다. 이처럼 이야기가 길어지는 원인은 뭘까요? 바로 '목적의식 부족'

에 있다고 생각합니다.

보통 '정기적인 반복 상황'에 놓이면 목적이 불명확해지기 쉽습니다. 매주 하는 훈시 말씀이나 매년 있는 입학식 및 졸업식 축사… 등, 정기적으로 겪어온 지극히 당연한 자리나 행사에서는 아무래도 '이런 이야기를 해서 이런 생각을 심어주자!'와 같은 목적의식이 흐려지기 마련입니다. '작년에도 이런 느낌이었으니 올해도 이런 느낌으로 가지 뭐.'하고 적당히 넘기려는 마음이 앞서는 것입니다.

단지 교장 선생님에게만 국한된 이야기는 아닙니다. 매번 비슷한 자리를 경험해야 하는 분들에게 자주 관찰되는 모습입니다. 회사의 월간회의를 예로 들겠습니다. 매번 "검토하겠습니다."라는 말로 끝나는 진척 상황을 알 수 없는 업무 회의, '두루뭉술한 긍정적인 말'만 주고받다가 끝나는 무의미한 회의 등에서 어벌쩡하게 넘어간 '잘못된 성공 체험'은 목적의식이 없는 수많은 회의를 재생산합니다. 그래서 복사하고 붙여넣기 하듯이 지난번에 한 말을 재탕, 삼탕하고 맙니다.

말하기는 '수단'인데 그 자체가 목적이 되면 결코 사람의 마음을 얻을 수 없습니다. 단지 시간을 때우기 위한 '단순 작업' 정도로 취급해서는 곤

란합니다.

교장 선생님의 예로 다시 말하자면 주위의 피드백을 받을 기회가 없다는 것도 목적의식을 불투명하게 만드는 요인 중 하나입니다. 우선 교장 선생님이 듣는 사람인 학생에게 자신의 이야기가 어땠는지 피드백을 받을 일은 없습니다. 졸업식이나 입학식에서 교장 선생님이 한 말에 뭔가 피드백을 해야겠다고 생각하는 학부모도 거의 없습니다. 자기 자식만 눈에 들어와 연설의 질이 낮아도 개선을 요구할 생각은 하지 못합니다. 직장 동료나 거래처 담당자와 이야기할 때도 **구체적인 피드백을 받을 기회는 그렇게 많지 않습니다.**

목적이 결여된 말하기는 결승점이 없는 단거리 달리기와 같습니다. 듣는 사람의 입장에서는 어디로 끌려가는지 알 길이 없어 그 길이 끝없이 길게 느껴집니다. 즉 교장 선생님의 이야기가 길다는 공통된 인식이 있는 것은 실질적으로 이야기가 길 수도 있지만 그보다는 **목적이 분명하지 않기 때문에 '길게 느껴진다'**가 정답일 것입니다.

💬 목적을 정하면 커뮤니케이션이 달라진다
···

그럼 '목적'은 어떤 식으로 설정해야 좋을까요? 자신이 납득할 수 있다면 추상적이든 구체적이든 상관없습니다.

필자의 경우에는 추상적인 목표라면 '남들에게 신뢰를 주는 사람이 되고 싶다', '열정이 넘치는 사람이라는 평가를 받고 싶다' 등과 같이 이상적인 인상을 목표로 삼는 경우도 있고, , '이야기로 용기를 주고 싶다' 등과 같이 어떠한 인상을 심어주는 것에 그치지 않고 가치관이나 행동에 영향을 미치는 효과를 목표로 삼는 경우도 있습니다. 추상적인 목적을 심화하여 정량적인 목적으로 발전시킬 수도 있습니다. 가령 강연회나 세미나 등에서 '〈매우 만족〉 평가 80% 획득하기', '10명 이상의 회원 확보하기' 등을 들 수 있습니다. 필자는 상황에 따라 목적을 유연하게 조정하는데, 어쨌든 중요한 점은 자기 자신이 납득할 수 있는 목적이어야 합니다.

목적을 정하는 타이밍은 '말하기 전'입니다. 가령 프레젠테이션 당일 몇 주 전, 연설 당일 며칠 전 등과 같습니다. 시간이 부족하면 시작하기 직전이라도 상관없습니다. 이는 이야기를 시작하고부터는 목적을 생각할 여유가 없기 때문입니다.

물론 매번 명확한 목적을 정하기는 여간 힘든 작업이 아닙니다.

하지만 스스로 목적을 달성하는 데 적절한 커뮤니케이션이었는지 물으면 감정이나 기분에 휘둘리지 않도록 제어해주는 역할을 하면서 상대를 소중히 여기는 마인드셋으로도 연결됩니다.

목적을 정하면 '**결과물을 의식하게 해준다**'는 장점도 있습니다. 반드시 자신의 이야기를 녹음 또는 녹화해서 다시 확인하는 과정을 거치면 처음에는 대부분 이 작업을 어색해합니다. 하지만 목적을 정했다면 실제로 실현될 수 있도록 이야기하고 있는지 제대로 확인해서 달성 정도를 측정해야 합니다. 특히 정성적인 목적을 설정했다면 반드시 듣는 사람의 의견을 들어봐야 합니다.

듣는 사람이 예상한 대로의 반응을 보일 때, 즉 목적이 달성되었음을 확인하면 정신적으로 더욱 강해집니다. 왜냐하면 **자신의 커뮤니케이션으로 이루고 싶은 것을 성취했다는 성공 체험은 다른 무엇과도 바꿀 수 없는 자신감으로 이어지기 때문**입니다. "어떻게 하면 자신 있게 말할 수 있나요?"라는 질문을 자주 받는데, '목적 달성의 경험을 쌓아야 자신감을 기를 수 있다'고 생각합니다.

항상 목적을 세우고 이야기합니다. 또 그 목적이 달성되었는지 매번 확인합니다. 제대로 달성하지 못했을 때는 무엇이 부족한지 주위의 피드백을 받거나 스스로 되새기며 반성하기도 합니다. 잘

되었을 때는 솔직하게 기뻐하고 듣는 사람의 감상을 메모해 둡니다. 지금도 예전에 받은 칭찬이 떠오르는 순간이 있습니다. '내게도 사람의 마음을 움직이고 행동을 바꾸는 힘이 있구나!' 이런 신념을 키우는 데 이 방법이 제게는 최적이었습니다. 독자 여러분께도 좋은 방법이라고 생각합니다.

자신의 이상이나 하고 싶은 일을 개척하고 이루고 싶나요? 도전과 실패를 거듭하더라도 능숙하게 말하고 싶나요? 그렇다면 **우선은 '말하는 목적'이 명확해야 합니다.** 이것이 '말하기 SKILL'의 출발선입니다.

'대상'을 분석한다.

💬 **이야기의 '난이도'를 어떻게 설정할 것인가**

두 번째 원칙은 '대상'을 분석하는 일입니다.

여기서 '대상'이란 '듣는 사람' 혹은 '대화 상대'를 의미하고, '대상 분석'이란 쉽게 말해 듣는 사람의 속성이나 상황, 커뮤니케이션 스타일, 지식수준 등을 예측하는 것입니다. 이 또한 당연한 일이지만 대부분이 실천에 옮기지 못한다는 것이 실상인 듯합니다. 흔한 사례를 소개하겠습니다.

필자의 고객 중에 매주 월요일 아침 미팅 시 전체 직원들을 대상으로 이야기하는 자리를 갖는다는 경영자가 있습니다. 그런데 이야기 내용에는 경영학 전문용어나 고도의 비즈니스 용어 등이 다수 포함되어 있었습니다. 직원의 연령이나 담당 업무가 다양해서 개인에 따라서는 다분히 이해하기 어려운 내용일 수도 있을 텐데 말입니다. 이처럼 '모두가 알고 있는 당연한 것'이라는 관념에 사로잡히면 이야기할 때 적절한 말을 선택할 수 없는 상황에 빠지는 경우가 많습니다.

예를 들어 다음 문장을 읽어봅시다.

최근의 시드라운드는 밸류에이션 20~30억 원부터 시작하는 경우가 많습니다. VC는 기본적으로 M&A나 IPO가 전제이지만, 초기 단계에서는 비즈니스 모델보다는 경영자의 발전 가능성을 봅니다.

스타트업이나 벤처기업에서 일하는 사람은 내용을 이해할 수도 있지만, 이 업계를 전혀 모르는 사람에게는 전혀 전달되지 않는 말로 구성되어 있습니다.

정치 현장에서도 같은 일이 자주 일어납니다.

야당은 수도권 승리가 자신들의 생존과 관련성이 높아 중도 표심에 촉각을 세웠고, 그에 맞춘 네거티브 전략도 효과적으로 구

사했다. 이 같은 보수진영의 수도권 완패 흐름이 향후에도 이어질 수 있다는 분석이 나온다. 표밭 자체가 진보 우위가 되는 등 '수도권은 험지'라는 패배 의식이 여당에 만연해질 가능성도 농후하다.

내용을 이해할 수 있는 사람이 있는가 하면 전혀 머리에 들어오지 않는 사람도 있을 것입니다.

한편으로 관련 지식이나 상황이 공유된 경우라면 쉽게 풀어낸 말이 오히려 내용 전달의 걸림돌이 되기도 합니다. 쉬운 말보다 전문용어가 보다 확실하고 깊이 있는 의사전달을 할 수 있게 해준다는 장점도 있습니다. 즉 말이 어렵거나 전문적이어서 나쁘다는 의미가 아니라 공통 지식을 갖춘 사람끼리는 풀어서 쉽게 설명하기보다는 있는 그대로의 용어를 사용하는 것이 오히려 좋다는 의미입니다. 반면에 내용을 공유받지 못했거나 새로운 지식을 얻고자하는 상대에게는 말의 선택이나 표현 방식 등에 유의하지 않으면이해시키는데 애로점이 있을 수 있습니다. 어쩌면 기업의 마케팅활동과 유사할지도 모르겠습니다. 아무리 목적의식이 뚜렷해도 타깃에게 전달지 않으면 목적만 있고 성과는 없는 커뮤니케이션이 되고 맙니다.

대상의 속성을 이해해야 비로소 말의 적절한 난이도를 결정할 수 있습니다.

💬 '중2가 이해할 수 있는 말로 하라'

고등학교 1학년 때의 일입니다. 처음으로 웅변 원고를 완성했을 때 선배로부터 '중2가 이해할 수 있는 말로 하라'라는 지적을 받았습니다. 경험이 쌓이고 전문성이 높아질수록 자신의 지식을 과시하고 싶어집니다. 하지만 과시하거나 어려운 표현을 구사하는 것은 자기만족에 지나지 않습니다. 지식이 공유되지 못한 듣는 사람, 당시로 치면 중학교 2학년생 정도의 후배들이라도 충분히 이해할 수 있는 말이 아니면 의미가 없다는 사실을 일깨워 주었습니다. 어려운 말은 마땅히 이해하고 공감해줄 사람마저 배제시킬 위험이 있습니다.

그러므로 어떤 말과 표현으로 이야기할 것인지 결정하기 전에 먼저 대상의 속성과 보유 지식의 유무를 고려하고 분석해야 합니다. 관련 지식을 보유한 사람에게는 깊이 있는 내용 전달에 초점을 맞추고, 그렇지 못한 사람에게는 풀어서 설명한다는 자세가 중요합니다. 하지만 관련 지식을 갖추지 않은 사람에게 어려운 말로 이야기하

어디서든 통하는 말하기 SKILL

는 경우가 압도적으로 많습니다.

경력이나 경험이 화려한 사람일수록 놓치기 쉬우니 특히 유의
해야 합니다.

💬 듣는 사람은 사실 듣고 싶지 않다?

대상의 '기분'도 중요합니다. 이야기를 듣고 싶어 하는지 아니면
어쩔 수 없이 들어야 하는 입장인지도 함께 고려해야 합니다. 필자
의 강연회마다 그 분위기는 사뭇 다양합니다. 참석자들이 이야기
를 들을 마음의 준비가 되어 있고 반기는 분위기면 곧바로 본론에
들어갑니다. 반면에 다른 일도 많은데 억지로 불려 와서 자리를 채
운 듯한 분위기면 어떻게든 호감을 줄 수 있는 분위기를 만들려고
궁리를 합니다.

'청중들이 강연을 못마땅하게 여기는 이유가 어차피 뻔한 이야
기를 할 거라는 선입견' 때문이라는 가설이 서면 자기소개 분량을
늘리거나 회사가 이뤄낸 실적을 이야기하기도 합니다. 강연이 탐
탁지 않은 사람들에게 곧장 구체적인 내용부터 이야기하지 않고
'이제부터 여러분에게 정말로 가치 있는 이야기를 한다'고 어필해서 분
위기를 환기한다는 개념입니다.

강연 도중에 특히 관심이 없어 보이는 사람을 지켜보며 표정 변화도 살핍니다. 청중의 '이야기에 대한 관심도'는 자세를 보면 알 수 있습니다. 강연자 쪽으로 몸을 내밀어 앉아 있거나 눈을 마주치며 고개를 끄덕인다면 이야기에 긍정적이라는 신호입니다. 팔짱을 끼고 졸린 듯이 기대어 앉아 있거나 책상 위의 자료만 내려 보고 있으면 적극적으로 이야기를 들으러 온 사람이 아니구나, 하고 짐작할 수 있습니다.

여러분도 이야기할 때 듣는 사람이 어떤 상태인지 관찰하고 살펴보기를 바랍니다.

말하는 대상의 모습을 통해 '어떤 커뮤니케이션을 선호하는지'도 가늠할 수 있습니다. 결론부터 바로 듣고 싶은지 아니면 순서를 밟아 차근차근 듣고 싶은지, 느슨하고 편안한 분위기를 선호하는지 아니면 효율성과 긴장감을 선호하는지 등….

말하는 속도나 감정을 표현하는 방식 등을 살피면 상대의 대략적인 성향을 파악할 수 있습니다. 상대가 한 사람이면 그 사람의 스타일에 맞추고 여러 사람이면 전체적인 분위기를 고려해서 최대한 다수가 선호하는 스타일로 이야기하는게 좋습니다.

이처럼 목적을 훼손하지 않고도 목적의 대상인 듣는 사람의 기분이나 커뮤니케이션 스타일을 판단해서 말하기를 달리할 수 있습니다.

💬 상대가 없으면 커뮤니케이션이 성립하지 않는다
···

대상을 분석할 때 필자가 소중히 생각하는 신조가 있습니다.

그것은 '상대의 존재를 우선시한다'는 것입니다.

상대의 존재를 우선시한다는 것은 자신의 커뮤니케이션이 완벽하다며 교만하거나 과신하지 않고 상대의 입장을 충분히 고려한 말하기를 익혀야 한다는 의미입니다. 쉽게 말하면 '상대가 없으면 커뮤니케이션은 성립하지 않는다'는 사실을 인지해야 합니다. 지극히 당연한 말이지만 매우 중요한 대전제입니다.

주위를 둘러보면 상대의 시점이 아닌 자신의 편리나 템포, 방식을 과시하는 듯이 이야기하는 사람이 무척 많습니다. 말하자면 '독선'입니다. 여러분은 각자가 생각하는 것 이상으로 완벽하지 않습니다. 말하기라는 행위에서 가장 중요한 점은 자기 평가가 아니라 타인의 평가입니다.

상대의 입장이 되어본다는 당연한 생각을 실천에 옮기지 못하는 사람이 의외로 많습니다. 그러므로 항상 의식하고 있어야 합니다. 이 점을 유념하면 상대의 마음을 울리는 말하기 전략을 세울 수 있습니다.

💬 '말이 전달되지 않는 원인'은 말하는 사람에게 있다

그럼 '상대의 존재를 우선시한다'란 구체적으로 어떤 의미일까요?

듣는 사람의 입장에서 상대가 이해하기 쉬운 말을 사용하는 것, 전하고 싶은 메시지를 하나로 좁혀 이야기하는 것, 정해진 시간을 지켜서 말하는 것 등을 들 수 있습니다. 일대일로 대화할 때도 마찬가지입니다. 상대가 말하고 싶은 것이 무엇인지, 또 공감이나 제안 등 원활한 커뮤니케이션을 위해 취할 수 있는 행동은 무엇인지를 생각하며 대화를 풀어가야 합니다.

흔히 '말하는 것보다 듣는 것이 중요하다'고 하는데 뜻하는 바는 같습니다. 요점은 '상대가 내 말을 듣고 어떻게 생각하는지'를 항상 고려해서 행동해야 한다는 것입니다. 목적 달성만 생각하고 끊임없이 자기주장만 하거나 강한 말투를 지나치게 많이 사용하면 '독선'이 되어 오히려 목적 달성에서 멀어지고 맙니다. '말이 전달되지 않는 원인'을 듣는 사람의 지식이나 경험 부족으로 치부하는 사람이 더러 있는데 그것은 모두 말하는 사람, 자신의 책임입니다.

어느 정도의 속도로 이야기해야 따라올 수 있고, 어느 정도의 수준으로 표현해야 이해할 수 있는지 등 듣는 사람의 성향을 고려하는 마음가짐은 말하는 사람이 갖춰야 할 지극히 당연한 덕목입니다.

💬 서로가 기분 좋은 상태를 추구하자

이런 내용을 언급하면 '상대를 생각하면 자신의 페이스가 무너져서 이야기하기 어렵다'며 볼멘소리를 하는 사람들도 가끔 있습니다. 사실 맞는 말입니다. 하지만 자신이 편안하게 말할 수 있다고 해서 반드시 상대도 편안한 상태인가 하면 절대로 그렇지 않습니다. 말할 때는 '자신'의 기분이나 상태가 아니라, '상대'의 가치관과 판단에 주안점을 둬야 합니다.

'내가 편하니까 이렇게 한다'라는 생각을 버려야 하는 이유를 이해해야 합니다.

여기까지 읽고 '제1원칙'의 '말하는 목적을 명확히 한다'와 여기서 설명하는 '상대의 시점에서 생각한다'가 서로 상충하는 개념이 아닌가? 어떤 쪽이 중요하다는 건가? 하고 혼란스러워하는 독자도 있을 것이라고 생각합니다. 정리하면 '상대의 시점에 입각해 말을 선택하여 자신이 전하고 싶은 말을 한다'로 설명할 수 있습니다.

즉 '자신'과 '상대' 모두를 존중하면서 말에 균형을 맞춰야 한다'라고 이해하면 좋겠습니다. 자신의 상태와 상대의 상태가 어느 지점에서 가장 편안하게 맞물려 유지되는지는 실제로 말하면서 도전과 실패를 반복해보는 것도 말하기를 단련하는 과정에서 필요합니다. 자신도 상대도 소중합니다. 어느 한쪽으로 치우치면 본래의 자기다움을 잃을 수도 있습니다. 적절한 안배와 균형감이 요구됩니다.

원 3 칙

'말'을 의식한다

💬 '말하기'는 '소리' 주고받기

기본 원칙의 마지막은 '말'을 의식해야 한다는 것입니다. 우리가 구사하는 말은 몇 가지 특징이 있습니다. 그 특징을 이해하면 말의 질이 달라집니다.

먼저 말은 음성 정보로 전해집니다. 말과 대조적인 관계인 '글'은 '문자'가 매개이며 읽는 사람이 대상이지만, 말은 '소리'가 매개이며 듣는 사람이 대상입니다. 소리는 형태가 없습니다. 글은 작성한 뒤에 일정한 시간이 흘러도 다시 살펴볼 수 있습니다. 제가 지금 책으로 쓰고 있는 글들은 언제든 다시 읽을 수 있지만 말은 기본적으로 시간이 지나면 사라집니다.

말의 결과물은 시간과 함께 사라집니다. 즉 '말하기'는 순간적으로 언어를 해석해야 하는 아주 까다로운 의사소통의 형태입니다.

또 글은 한 번 쓴 것을 나중에 삭제하거나 수정할 수 있지만 말은 한 번 내뱉고 나면 주워 담을 수 없습니다. 정치인들이 종종 말실수를 하고 '철회한다'며 사과하는 경우가 있는데, 그렇다고 해도 한 번 '입 밖으로 나온 말'은 계속 남습니다.

💬 '모든 말을 기억할 것'이라는 오해

이러한 특징을 이해하면 세상에는 '말하기'라는 행위에 대한 오해가 넘친다는 사실을 알게 됩니다.

가장 흔한 오해는 '자신이 말한 이야기를 상대가 모두 다 기억해 줄 것이다'라는 착각입니다. 음성이라는 형태로 표출되어 시간이 지남에 따라 사라지는 정보를 듣는 사람이 일일이 모두 다 기억하고 있을 리가 없습니다. 그런데도 말하는 사람은 자신의 말이 모두 기억되고 있으리라고 생각하기 쉽습니다. 그래서 하고 싶은 이야기를 차례차례로 보충하고 더하는 식으로 말하는 사람이 있습니다. 이래서

어디서든 통하는 말하기 SKILL

는 정보량이 지나치게 많아 장황한 말이 되어 결과적으로 듣는 사람은 아무것도 기억하지 못합니다. 말하는 사람은 자신이 무슨 이야기를 했는지 기억해도 듣는 사람은 무엇을 들었는지 기억하지 못하는 경우는 아주 흔합니다. 우선은 일대일이든 일대다수든 '자신의 이야기를 상대가 모두 기억할 것이라는 생각을 버리는 것'이 중요합니다.

그런 후에 전부를 기억시킬 필요는 없다라는 사고로 전환합시다. 이런 전제를 세우면 불필요한 단어나 문장을 과감히 삭제할 수 있어 핵심 내용을 전달하는 데 도움이 되는 단어나 표현을 찾을 수 있습니다. 그러면 주어진 시간 안에 어떤 말을 전달하고, 어디를 기억시키고, 어떤 인상을 남길 것인가 하는 전략적 사고가 가능합니다. 이런 점을 고려하지 않으면 모처럼 마련된 소중한 자리가 시간 낭비로 끝나버릴 수도 있습니다.

💬 '한 문장의 길이'를 줄여서 이해하기 쉽게 한다

말은 '소리'로 전달되기 때문에 시간적인 제약이 생기며 기억되지 않을 수 있다고 했습니다. 이 전제를 좀 더 구체적으로 이해하기 위해 '한 문장 길이의 중요성'에 대해 설명하겠습니다. 여기서 말하는 한 문장이란 '여러분, 안녕하세요.', '오늘은 회사 소개를 해보도록 하겠습니다.'와 같이 말이 시작되어 마침표가 붙을 때까지를 의미합니다. 앞에서 설명한 시간과 기억의 관계를 떠올려보면 알겠지만, 한 문장의 길이가 짧을수록 이야기의 의미 파악이 쉽고 길수록 의미 파악이 어렵습니다.

예를 들어 다음 문장을 '음성'으로 듣는다고 상상하며 읽어봅시다. 먼저 문장이 길어 의미 파악이 어려운 예부터 소개하겠습니다.

😞 **BAD**

이번 분기의 사업 계획에 대해 이야기하려고 합니다만, 우선 전기 계획을 되돌아보고 나서 하려고 생각하기 때문에, 이쪽을 보시면 전기는 매상이 32억 원으로 목표액 달성이 되었기 때문에, 팀원 여러분이 열심히 해 주셨습니다.

시작부터 마침표가 나올 때까지 한 문장의 글자 수는 91자(쉼표, 마침표 제외)입니다. 정보 구분이 어렵고 정보가 계속 추가됩니다. 이야기를 듣는 동안에 연달아 새로운 정보가 쌓이기 때문에 정작 중요한 핵심 내용을 이해하지 못하고 지나치거나, 처음에 들었던 정보를 놓쳐 전체적인 의미 파악이 어렵습니다. 글로 반복해서 읽으면 그나마 수월하겠지만 입에서 나와 곧 사라지는 '목소리'로 한 문장이 장시간 이어지면 기억하고 이해하는 데 혼란을 겪을 수밖에 없습니다.

그럼 알기 쉬운 형태로 문장을 나누면 어떻게 될까요. 다음 문장도 '음성'으로 듣는다고 상상하며 읽어봅시다.

😊 GOOD ─────────────────────────────────────

이번 분기의 사업 계획에 대해 이야기하겠습니다. 먼저 전기 계획을 되돌아보겠습니다. 이쪽을 보시면 됩니다. 전기 매출은 32억 원으로 목표액을 달성했습니다. 팀원 여러분이 정말 열심히 해주신 것 같습니다.

한 문장의 길이가 확실히 짧아졌습니다. 다섯 문장으로 나눴더니 한 문장의 글자 수는 쉼표와 마침표를 제외하고 각각 20자, 15자, 9자, 21자, 19자가 되었습니다. 한 문장에 들어가는 정보가 엄선되어 있어 **마침표가 나올 때마다 내용이 머릿속에 속속 들어오는 듯한 느낌을 듭니다.** 세세하게 문장을 구분하여 문장 하나당 말하는 시간을 단축시켜 마침표가 나올 때마다 내용 파악이 용이하도록 구성했더니 정보 파악이 한결 수월해졌습니다.

많은 사람이 이 점을 간과하거나 서툴러서 고생합니다. 왜 이런 일이 일어나는 걸까요? 일반적으로 글에 비해 말을 제대로 배울 기회가 많지 않습니다. 글에 편중해 배워온 사람은 문어체와 구어체의 차이를 인식하지 못하고 연설문을 문어체로 쓰기도 합니다. 그래서 흔히 접하는 연설문이나 프레젠테이션의 한 문장 길이가 길어지는 것입니다. 일상적인 회의나 연설회장에서조차도 한 문장의 길이를 길게 말해서 이해하기 어려운 경우도 많습니다.

이러한 경향은 정부의 기자회견 등에서 자주 목격할 수 있습니다. 2021년 7월 코로나19 긴급사태선언에 관한 기자회견의 서문은 다음과 같았습니다.

😞 BAD

방금 신종 코로나19 대책 본부에서 회의를 개최하여 사이타마현, 지바현, 가나가와현, 오사카부에 긴급사태선언을 발동함과 동시에 홋카이도, 이시카와현, 교토부, 효고현, 후쿠오카현에 확산 방지 등 중점 조치를 실시하며, 기간은 각각 8월 2일부터 8월 31일까지로 하고 도쿄도 오키나와현의 긴급사태선언은 8월 31일까지 연장하기로 결정했습니다.

한 문장이 쉼표와 마침표까지 포함하면 153자로 뜬금없이 긴 문장입니다. 이래서는 듣고 나서 기억나는 내용이 하나도 없습니

다. 지방행정 구역 이름을 나열할 때 무슨 조치가 시행될지 궁금해
서 듣는 입장에서는 여간 곤혹스럽지 않습니다.

이런 정부 관련 기자회견의 원고를 쓰는 사람은 관료나 관공서
직원입니다. 업무 성향 때문에 정보를 나열하는 방식에 익숙해서
인지 연설문도 문어체로 작성했으리라고 생각합니다. 말은 '소리'
로 이루어져 있음을 이해하고 있는 사람이 작성했다면 결과는 달
라졌을 것입니다. 저라면 이렇게 하겠습니다.

☺ **GOOD**

방금 신종 코로나 대책 본부에서 회의를 개최했습니다. 이번 긴급
사태선언의 발동지역은 사이타마현, 지바현, 가나가와현, 오사카
부입니다. 또, 확산 방지 등 중점조치 지역은 홋카이도, 이시카와
현, 교토부, 효고현, 후쿠오카현입니다. 기간은 각각 8월 2일부터
8월 31일까지입니다. 현재 긴급사태선언이 발동 중인 도쿄도, 오
키나와현은 발동 기간을 8월 31일까지 연장하기로 결정했습니다.

하나로 연결된 문장을 다섯 개로 나누었습니다. 말로 전달했을
때 '무엇이 어디에서 발동되는지', '무엇이 논의되었는지', '기간은
언제인지' 등을 쉽게 이해할 수 있습니다.

토마스 바흐 IOC 위원장이 빠진 '말의 덫'

말에는 '덫'도 있습니다. 그것은 '준비하지 않아도 된다'는 생각입니다. 그냥 머릿속에 할 이야기를 떠올려두면 될 거야, 말하다 보면 되겠지, 임기응변으로 대처하면 되니까 준비는 필요 없어… 등과 같은 식입니다.

이는 많은 사람이 빠지기 쉬운 매우 큰 덫입니다. 준비의 정도는 미리 듣는 사람에 대한 가벼운 조사부터 연설문을 제대로 작성하고 또 충분히 연습하는 본격적인 것에 이르기까지 상황에 따라 다양하겠지만 **준비는 매우 중요합니다.** 왜냐하면 목적 달성을 위해 말하는 시간을 의미 있고 소중히 다뤄야 하기 때문입니다.

주위에서 흔히 볼 수 있는 예를 들겠습니다. 대기업이 신상품을 발표할 때는 광고 대행사가 대거 참석하는 성대한 이벤트를 진행합니다. 이벤트장을 꾸미고, 촬영 기재를 갖추고, 조명을 준비하는 등 여기에만 수천만~수억 원 규모의 투자를 하는 경우도 있는데, 어째서인지 '연설'만은 전날까지도 내용이 정해지지 않아 한 번도 소리 내어 연습하지 않은 상태로 그냥 원고 낭독에 그치는 경우가 많습니다. 경우에 따라서는, 내빈 인사 등은 '도박'하듯 '모 아니면 도'라는 심정으로 운에 맡기기도 합니다.

어디서든 통하는 말하기 SKILL

이런 나쁜 습관으로 인해 도쿄 올림픽의 개회식에서는 어처구니없는 사태가 빚어졌습니다. 당시 토마스 바흐 IOC(국제올림픽위원회) 위원장에게 주어진 연설 시간은 5분이었지만 실제로는 13분이나 진행되었습니다. 예전에 그의 연설을 분석한 적이 있는데, '감사의 말이 너무 많다', '좀처럼 끝맺지 못하고 재차 이야기를 이어간다', '다음 연설자와 내용이 겹치는 부분이 있다' 등 문제점은 이루 말할 수 없이 많았습니다. 만약 바흐 위원장에게 제대로 된 스피치 라이터가 있었다면 어땠을까요? 아마 일주일 전에는 원고가 완성되고 실제로 말해보면서 시간을 쟀을 것입니다. 13분이나 걸리는 것을 알았다면 내용을 줄이거나 뺄 부분은 없는지 건설적인 논의도 분명히 했을 것입니다. 물론 자세한 내막까지 알 길이 없지만, 세계적인 축제의 장에서도 그런 일이 일어난다는 현실이 어이없었습니다.

💬 '준비'가 퍼포먼스를 극대화한다

준비는 자신의 생각을 정리하는 행위입니다. 그리고 퍼포먼스를 최대로 끌어내줍니다. 필자는 개인적으로 결혼식에서 친구 대표로 축사를 부탁받으면 반드시 1주일 전부터 원고를 작성해서 가족이나 동료에게 피드백을 받습니다. 1주일~3일 전까지는 원고를 완성하고 암기를 마칩니다. 한 단락씩 음성을 녹음해서 원고를 보면서 섀도잉(음성을 들으며 같은 내용을 따라 말함)하여 머릿속에 할 말을 저장합니다. 이런 준비를 거치고 실전에 임합니다.

물론 세상에는 '준비 없이도' 퍼포먼스를 극대화하는 사람도 있습니다. 뇌과학자 모기 겐이치로는 필자와 인터뷰를 진행할 때 어떠한 사전 협의도 없었습니다. 그는 **'자신이 거기에 있다는 의식을 가지고 눈앞의 사람에게 집중하는 자세'로 말하는 편이 뇌과학적으로 자신답게 커뮤니케이션할 수 있는 유형의 사람**이었습니다. 그날도 훌륭한 이야기를 많이 들려줬습니다. 하지만 제 경험상, 이러한 방식으로 좋은 퍼포먼스를 낼 수 있는 사람은 극소수에 불과합니다. 대부분은 미리 준비하지 않으면 최대의 퍼포먼스를 이끌어낼 수 없습니다.

말하기를 교육하다 보면 '준비하면 뭔가 나 자신의 말이 아닌 것 같아요.'라는 말을 자주 듣습니다. 이런 이유로 준비에 소홀한 사람도 실제로 있습니다. 만약 그 방법으로 공식 석상에서도 알기 쉽게 말하고 듣는 이의 마음을 사로잡는다는 평가를 받으면 문제없지만 실상은 그렇지 않습니다.

준비한 말이 '준비한 것처럼 들린다'는 것 또한 기술 부족입니다.

제대로 배워서 정말로 확실히 준비하면 준비한 말이라도 인간미가 없고 무미건조하게 들리는 일은 절대로 없습니다. '있는 그대로의 자신을 보여줘야 한다', '서툴어도 좋으니까 자신의 생각을 말해야 한다' 등 말에 대한 '속설'이 세상에 만연하지만 적절한 준비는 반드시 필요하다는 점을 분명히 명심합시다.

'준비해서 말해봤는데 실패했다'는 사람도 있겠지만 이는 준비와는 별개로 말하는 방법이 서툴렀기 때문일 뿐입니다. 다소 냉정한 표현일지 모르겠지만 **준비라는 중요한 과정을 회피**하려는 것으로밖에 보이지 않습니다. 말은 시간의 제약을 받습니다. 어떻게 해야효율적으로 활용할 수 있는지 곰곰이 생각해 보기를 바랍니다.

'말하는 행위'는 너무나 '당연'해서 '어떻게든 되겠지'라고 생각하기 쉽습니다. 하지만 너무나 당연해서 알아차리지 못하는 덫이 여러 개 존재합니다. 그러므로 말의 특징을 올바르게 인식하고 제대로 연습하면 남들보다 몇 걸음 더 앞설 수 있습니다.

2
PART

'언어'의 SKILL

언어화	코어 메시지를 만든다.
	코어 메시지를 다듬는다.
구성	목적에 따른 순서로 이야기한다.
	정보 밸런스를 고려한다.
	이야기의 일관성을 확보한다.
	말의 첫머리와 마무리를 고민한다.
스토리	공감을 주는 스토리를 이야기한다.
	자신의 약점 및 강점을 알린다.
	시간축, 감정, 오감을 묘사한다.
팩트	적절한 사실 정보를 제공한다.
	자신과 사회를 연결시킨다.
	숫자로 표현한다.
스토리와 **팩트**를 조합한다.	
미사여구	대화문 및 명언을 인용한다.
	듣는 사람의 기분을 대변한다.
	'자리'의 가치를 강조한다.

제1부의 '3가지 원칙'에서 살펴본 바와 같이 먼저 말하는 목적과 대상이 누구인지를 생각하는 습관을 기릅시다.

제2부에서는 목적과 대상이 정해졌다는 전제하에 말의 근간인 '내용'을 어떻게 만들어갈지에 대해 설명하겠습니다.

어떻게 하면 원하는 바를 명쾌하게 전달할 수 있는지, 어떻게 하면 핵심 내용이 돋보는 순서로 구성할 수 있는지, 어떻게 하면 공감을 얻고 설득력을 향상시킬 수 있는지 등을 살펴보겠습니다.

그럼 이제 여러분의 '언어'를 갈고 닦아 봅시다.

"

언어화

하고 싶은 이야기를 '한마디로 말하면?'

"

💬 '무슨 이야기를 하고 싶은지' 요약한다

'말하는 목적을 달성'하려면 반드시 필요한 것이 있습니다.

바로 '코어 메시지'입니다.

코어 메시지란 말하는 목적을 명확히 해서 구체적인 구절에 담은 것을 의미합니다. 말하는 목적은 명확하지만 코어 메시지가 빠진 경우도 많습니다. 전하고 싶은 말을 명확히 하고 상대의 기억에 남는 이야기를 하려면 코어 메시지는 반드시 필요합니다.

예를 들어 회의에서 다음 분기에 대한 포부를 말하는 장면입니다. 다음 두 가지 예를 비교해 봅시다.

☹ BAD

홍길동 부장입니다. 이번 분기에는 훌륭한 결과를 낼 수 있었군요. 정말 고생 많으셨습니다. 다음 분기는 사업이 성장 중이니만큼 자신들의 조직에 문제가 없는지, 냉정하게 다시 바라보면서 앞으로 나아가는 것이 중요하다고 생각하며, 그런 냉정함 속에서도 새로운 도전은 없는지 자신에게 계속 묻기를 바랍니다. 그리고 개개인이 즐겁게 일하는 것이 팀을 강하게 한다고 생각합니다. 힘냅시다!

'조직의 문제를 냉철하게 보자', '도전하자', '즐겁게 일하자'… 듣는 이의 입장에서는 '무슨 말을 하기는 했어'라는 정도의 인상밖에 남지 않는 윤곽이 흐릿한 이야기입니다.

그럼 코어 메시지를 명확히 해봅시다.

☺ **GOOD** ─────────────────────────────────────

홍길동 부장입니다. 이번 분기는 훌륭한 결과를 냈네요. 정말 고생 많으셨습니다. 다음 분기에 특히 중요하다고 생각하는 것이 있습니다. 그것은 '사업이 성장하고 있는 **지금이야말로 냉정해지자**'는 것입니다. 냉정해지자는 것은 나쁜 의미가 아니라 과신하지 않고 긍정적인 마인드를 갖추자는 좋은 의미입니다. 냉정함은 조직의 문제점을 정면으로 마주할 수 있게 해줍니다. 결과적으로 지금까지와 같이 질 높은 새로운 도전을 이어갈 수 있다고 생각합니다. **지금이야말로 냉정해지자** 이 말이 일상의 즐거움을 만들어 낼 것입니다. 함께 열심히 해봅시다.

담담하게 이어가던 이야기가 '지금이야말로 냉정해지자'라는 한 구절로 정리되어 명확하게 전달됩니다.

어디서든 통하는 말하기 SKILL

이처럼 코어 메시지는 '하고 싶은 말'을 한마디로 요약하는 것입니다. 코어 메시지가 있으면 전하고 싶은 이야기나 중요한 내용을 듣는 사람의 기억에 남길 수 있을 뿐만 아니라 전반적으로 잘 정리된 이야기가 됩니다.

듣는 사람의 다양한 해석을 '방지'하려면?

반대로 코어 메시지가 없으면 이야기 전체가 지루해져 결국 무슨 말을 하고 싶은지 스스로 잃어버리는 경우도 있습니다. 그렇다면 당연히 듣는 사람도 말의 취지를 이해할 수 없습니다.

또한 듣는 사람 각자가 마음대로 해석하는 일도 일어날 수 있습니다. 앞의 (😞 BAD)를 예로 들면, 말 한마디 한마디에 의미를 두고 '조직에 문제가 생긴 건가?', '새로운 도전을 하라는 거군.', '계속 열심히 해야지 뭐.' 등과 같이 말하는 사람의 의도와는 다른 다양한 해석을 할 수 있습니다.

종종 영화나 소설 중에는 이른바 열린 결말이라고 해서 각자가 다양하게 해석할 수 있는 즐거움을 제공하기도 하지만 목적이 있는 이야기는 완전히 반대입니다. 말은 시간과 함께 사라지기 때문에

하고 싶은 이야기를 듣는 사람에게 제대로 전달하고 기억에 남기려면 코어 메시지의 형태로 단적으로 나타내는 것이 반드시 필요합니다.

2023년 WBC(월드 베이스볼 클래식)에서 미국과의 결승전을 앞두고 일본의 오타니 쇼헤이 선수가 라커룸에서 동료들에게 한 스피치가 화제가 되었습니다.

제가 한 가지만 말할게요. 동경하지 맙시다. 1루에 골드슈미트가 있다든가, 센터를 보면 마이크 트라우트가 있고 외야에는 무키 베츠가 있다든가, 야구를 하다 보면 누구나 다 알만한 선수들일 겁니다. 하지만 오늘 하루만큼은, 아무래도 동경하면 넘어설 수 없습니다. 우리는 오늘을 넘어서기 위해, 최고가 되기 위해 왔으니 오늘 하루만큼은 그들에 대한 동경을 버리고 이기는 것만 생각합시다. 자, 가자!

'동경하지 맙시다'라는 코어 메시지로 이야기 전체가 마무리되어 있습니다. 슈퍼스타들이 즐비한 미국 야구 대표팀과의 일전을 앞두고 나온 이 메시지는, 눈앞의 상대는 동경의 대상이 아니라 이겨야 할 상대라는 점을 팀 동료들에게 강하게 각인시켰을 것입니다.

코어 메시지는 일단은 '알기 쉽고 단적이어야 한다'

지금부터는 말하는 목적을 언어화하고 코어 메시지로 담는 방법을 구체적으로 설명하겠습니다. 코어 메시지를 만들 때는 우선 '글자 수 줄이기'를 의식해야 합니다. 코어 메시지는 짧으면 짧을수록 기억하기 쉽습니다.

😞 BAD

지금 우리에게 필요한 말은 '서로 협력하면서 계속 유지하는 힘을 갖자'입니다.

☺ GOOD

지금 우리에게 필요한 말은 **'꾸준함이 힘이다'**입니다.

전자는 후자보다 더 자세하고 풍성하다는 인상을 주지만 의미 파악이 쉽지 않습니다. 후자가 단순 명료해서 기억하기 쉽습니다. 코어 메시지는 '알기 쉽고 단적이어야 한다'는 점을 유념하기 바랍니다.

💬 행동하기를 바라는가, 생각하기를 바라는가

그럼 어떤 말이 코어 메시지로 적절할까요? 훌륭한 코어 메시지는 '행동 의뢰' 패턴과 '가치관 제공' 패턴으로 나눌 수 있습니다.

행동 의뢰

말 그대로 듣는 사람의 '행동'에 관련된 구체적인 요청을 수반한 메시지입니다. 직장에서 부하에게 "과감하게 도전합시다", 거래처 담당자에게 "긍정적으로 검토해주세요", 학교 동아리 후배에게 "열심히 하자" 등과 같이 구체적인 액션을 요구하는 코어 메시지가 행동 의뢰입니다.

어미가 "~합시다", "~해주세요" 등 상대에게 호소하는 형식이라면 행동 의뢰에 해당합니다. 앞서 살펴본 오타니 선수의 "동경하지 맙시다"도 행동을 요구하므로 행동 의뢰입니다.

일반적인 비즈니스 상황에서도 자주 겪을 수 있는 패턴입니다.

가치관 제공

듣는 사람에게 어떤 것에 대한 '생각할 거리'를 제공하는 메시지입니다. 예를 들어 필자의 프레젠테이션에서 자주 언급하는 "말하기가 바뀌면 인생이 달라집니다"나 결혼식 축사에서 "서로 이해하는 마음이 중요합니다" 등의 메시지가 가치관 제공에 해당합니다.

어디서든 통하는 말하기 SKILL

"~해야 합니다" 등과 같이 생각해보기를 요청하는 말이 수반된 경우나, "~가 중요합니다"같이 가치에 대한 생각을 전달하는 메시지가 가치관 제공입니다. 축사나 기업 경영진의 연설 등에서 자주 볼 수 있는 패턴입니다.

정리해서 말하면 '도전합시다'는 '행동 의뢰'이고, '도전이 중요합니다'는 '가치관 제공'입니다. 우선은 자신이 상대에게 전하고 싶은 이야기가 '행동 의뢰'인지 '가치관 제공'인지 생각해 봅시다.

지금부터는 '하고 싶은 말은 분명히 있는데 코어 메시지를 어떻게 만들어야 할지 모르겠다'는 사람들을 위한 '코어 메시지 만드는 법'에 대해 설명하겠습니다. 그런 고민이 없다면 다음 내용은 건너뛰고, 79쪽의 '코어 메시지 고도화하기' 과정으로 바로 넘어가도 됩니다.

💬 코어 메시지를 만드는 3가지 단계

'행동 의뢰'인지 '가치관 제공'인지 정할 수 없는 독자들을 위해 코어 메시지를 만드는 '틀'에 대해 설명하겠습니다.

[코어 메시지를 만드는 틀]

① 목적 설정 및 대상 분석

② 대상에게 전하고 싶은 말 작성

　행동 의뢰 :

　가치관 제공 :

③ 꼭 전하고 싶은 코어 메시지를 하나만 선택

① 목적 설정 및 대상 분석

아무것도 없는 상태에서 코어 메시지를 만들 수는 없습니다. 그래서 말하기 SKILL의 3가지 원칙을 돌아봐야 합니다. 그중에서도 **'명확한 목적 설정'과 '대상 분석'**을 떠올려 봅시다. 이야기하는 이유가 무엇인지, 듣는 사람에게 무엇을 바라는지 등 우선 목적에 대해서 복습해 봅시다. 그리고 '말하기'는 커뮤니케이션이므로 누가 대상인지, 듣는 이는 어떤 사람인지를 생각합니다. 특정한 한 사람일 수도 있고, 복수가 대상일 수도 있습니다. 일반적인 비즈니스 상황이라면 상대가 누구인지 모르는 경우는 드물겠지만, 만약 대상을 특정하기 어렵다면 말하는 '자리'의 명칭에서 착안하는 방법도 좋습니다. '주주총회'라면 투자가 및 주주, '기자회견'이라면 미디어, '팀 회의'라면 팀원이 대상일 것입니다.

이야기 대상을 특정할 수 있으면 코어 메시지 만들기가 수월합니다.

② 대상에게 전하고 싶은 말 작성

대상을 특정했다면 전하고 싶은 말을 적어봅니다. 코어 메시지는 특별히 어렵게 생각할 필요 없습니다. 표현이 세련될 필요도 없습니다. 자신이 생각한 말도 좋고, '꾸준함이 힘이다', 'stay hungry, stay foolish(항상 갈망하라, 항상 우직하라)' 등 흔히 접할 수 있는 명언을 인용해도 상관없습니다. 그렇지만 반드시 짧고 간결하게 정리된 말이어야 합니다. 이때 행동 의뢰와 가치관 제공의 패턴에 따라 쓸 수 있는 만큼 많이 적다 보면 정말로 전하고 싶은 말이 무엇인지 정리되고 점차 코어 메시지도 정할 수 있을 것입니다. 목적을 설정하고 대상을 '분석'한다. 머릿속으로 아이디어를 '확산'시켜 전하고 싶은 말을 작성한다. 여기까지 완성했다면 마지막으로 코어 메시지를 하나로 '수렴'해 나갑니다.

💬 요점을 좁히는 용기가 '전달력'을 높인다

③ 꼭 전하고 싶은 코어 메시지를 하나만 선택

여러 개의 코어 메시지를 작성했다면 그중에서 하나를 선택합니다. 열정적인 사람일수록 모든 코어 메시지를 어필하고 싶을 것입니다. 하지만 '꼭 전하고 싶은 말', 즉 코어 메시지를 하나로 좁히면 이야기에 완급이 생겨 듣는 사람의 기억에 오래 남습니다. 예를 들어

스포츠 팀의 감독이 선수들에게 격려 메시지를 전하는 장면을 떠올려 봅시다. 감독으로서 선수들에게 하고 싶은 말은 산더미처럼 많을 것입니다. '반복된 연습과 최선을 다하는 모습', '학교 간 교류', '서로 잘하는 부분 배우기' 등…. 이때 코어 메시지를 하나로 정하지 않으면 이야기가 다음과 같이 흘러갑니다.

😞 **BAD**

다음 달 열리는 대회에서 여러분들이 최선을 다하는 모습을 보여주면 좋겠고, 다른 학교의 참가팀을 비롯해서 서로가 많은 교류를 해주면 좋겠습니다. 열심히 노력하고 연습하면 그만큼 실력이 늘 것입니다. 각자 잘하는 부분은 서로 배우면 좋겠습니다.

긍정적인 내용임은 분명하지만, '많은 사람과 교류했으면 한다', '노력하고 연습했으면 한다', '서로 배우면 좋겠다' 등 '요청'이 너무 많아서 정말로 하고 싶은 말이 무엇인지 판단할 수가 없습니다. 여기서 '노력하고 연습했으면 한다'를 구체화하여 '연습량을 늘리자'에 초점을 맞추면 어떻게 들릴까요?

😊 **GOOD**

드디어 대회가 다음 달로 다가왔습니다. 우승을 위해 딱 한 가지만 언급하겠습니다. **'연습량을 늘리자'**는 이야기입니다. 연습을 충분히 해야 기술이 몸에 익고 실전에서도 안심하고 대처할 수 있습니다. 그래서 두려워할 시간이 있으면 먼저 **'연습량을 늘리자'**는 것입니다. 이것이 미래의 자신을 강하게 만드는 길입니다.

여러 개였던 메시지를 '연습량을 늘리자'라는 코어 메시지로 좁혔기 때문에 이야기 전체가 알기 쉽고 명확해졌습니다. 물론 '많은 사람과 교류했으면 한다', '서로 배우면 좋겠다'라는 메시지는 사라지지만, 가장 전하고 싶은 말이 무엇인지 고심해서 정한 결과라면 문제없습니다. 아무것도 전달되지 않는 것보다는 하나라도 제대로 전달되는 편이 훨씬 좋기 때문입니다.

코어 메시지를 정할 때는 뺄 건 빼고 반드시 줄이겠다는 용기가 필요합니다.

💬 '세 가지가 있습니다' 화법의 위험성

코어 메시지를 좁힐 수 없다면 이야기의 '목적'이 명확하지 않은 경우가 대부분입니다. '가장 실현하고 싶은 것이 무엇인지'를 돌이켜보면 코어 메시지도 자연스럽게 정할 수 있습니다.

가장 중요한 하나의 코어 메시지를 정해놓고 서브로 코어 메시지 후보였던 말들을 첨가하는 경우도 매우 흔합니다.

드디어 대회가 다음 달로 다가왔습니다. 우승을 위해 딱 한 가지만 언급하겠습니다. '연습량을 늘리자'는 이야기입니다. 연습을 충분히 해야 기술이 몸에 익고 실전에서도 안심하고 대처할 수 있습니다. 그래서 두려워할 시간이 있으면 먼저 '연습량을 늘리자'는 것입니다. **이번 대회가 자신의 성장뿐만 아니라 많은 사람과의 교류의 장이 되어 주위 사람을 통해 서로 배울 수 있는 귀중한 기회가 되기를 진심으로 바랍니다.** 오늘도 열심히 연습합시다!

여기에는 '많은 사람과 교류했으면 한다', '서로 배우면 좋겠다'라는 메시지도 있지만, 어디까지나 메인은 '연습량을 늘리자'입니다. 중요한 것은 메시지가 여러 개지만 가장 중요한 메시지를 정해서 잘 드러나도록 이야기에 완급을 줬다는 점입니다.

또 강조할 내용이 여러 개거나 좁혀서 말하면 원하는 목적을 이룰 수 없을 때는 예외적으로 '하고 싶은 말이 세 가지 있습니다' 등과 같이 애초에 그 개수를 말하는 방법도 있습니다. 이와 같은 넘버링 형식의 말하기는 일반적으로 알기 쉽게 전달되는 것으로 알고 있습니다.

하지만 말 시간이 길어질수록 처음에 들었던 이야기가 모호해지고 완벽하게 기억나지 않을 수 있다는 위험이 있습니다. 그런 의미에서 '하고 싶은 말이 n가지 있습니다. 첫 번째는…'과 같은 방식의 말하기는 각각의 항목을 완벽하게 기억하지 못할 수 있음을 사전에 염두에 두는 편이 좋습니다.

기억에 남는 스피치를 원한다면 역시나 하나로 좁혀서 말하는 것이 최선입니다.

💬 '유의어', '부정', '반복'으로 코어 메시지 고도화하기

지금부터는 코어 메시지 작성이 익숙한 사람을 위한 응용편입니다. 코어 메시지를 정한 뒤에 '그 표현이면 괜찮은지'를 검토하는 과정입니다. 필수적인 과정이라기보다는 다채로운 표현을 위한 부가 과정이라고 이해해주기 바랍니다.

여기에는 3가지 기법이 있습니다.

[코어 메시지의 고도화]
① 유의어로 대체하기
② 부정형을 조합하기

③ 말을 반복하기

① 유사어로 대체하기

가장 쉬운 방법은 비슷한 의미를 가진 다른 말, 즉 '유의어' 찾기입니다. 하고 싶은 말을 다른 표현으로 바꿔 말할 수 있는지 찾아봅시다. 이때 명사가 동사가 되거나 동사가 형용사나 부사 등으로 바뀌어도 상관없습니다. 너무 어려운 말을 사용하려고 하지 말고 떠오르는 대로 적어봅시다. 저는 유의어 사전을 활용하기도 합니다.

> 기존 : 꾸준함이 힘이다.
>
> 　　꾸준함→계속, 지속, 계속, 유지, 언제까지나, 컨티뉴…
>
> 　　힘→능력, 위력, 세력, 기세, 파워, 에너지…
>
> 대체 : 지속력

'꾸준함이 힘이다'라는 말은 일반적으로 누구나 알 법한 흔한 명언이지만 '지속력'이라는 말로 표현해봤습니다. 예를 들면 이렇게 이야기를 할 수 있습니다.

😊 GOOD ────────────────────────────○

요즘에는 예를 들면 '추진력', '판단력' 등 다양한 능력을 요구합니다. 저는 도전하는 사람이 반드시 갖추어야 할 능력으로 '지속력'을 강조합니다.

'꾸준함이 힘이다'와 별반 차이 없어 보일지도 모릅니다. 하지만 코어 메시지의 독창성은 사람들의 이목을 집중시키는 역할을 합니다. 앞 문장에 '××력'이라는 단어를 나열해서 코어 메시지를 한층 더 부각한 사례입니다.

💬 '동경하지 맙시다'가 화제가 된 이유

② 부정형을 조합하기

오타니 선수의 '동경하지 맙시다'라는 말이 매력적인 이유는 일반적으로 설렘을 주는 긍정적인 단어인 '동경'에 '~하지 맙시다'라는 부정형을 조합해서 간극을 만들어냈기 때문입니다. 듣는 사람은 처음에 들은 말만으로는 그 의미를 해석할 수 없고, 그 후에 나오는 의도나 설명을 들어야 비로소 긍정적인 의미임을 이해할 수 있습니다. 이와 같은 놀라움이나 의외성은 기억에 남는 메시지가 될 확률을 높여줍니다. 뭔가를 호소하고 싶을 때는 기본적으로 긍정적인 말이 떠오르지만 부정적인 말을 잘 사용하면 오히려 훨씬 더 강한 의미 전달이 가능합니다. 잘 활용해 보기 바랍니다.

활용하기 쉬운 부정형의 말 : 그만두다, 버리다, 없애다, 의심하다, 도망치다 등.

- ㉠ '자아를 버립시다' (새로운 자신을 만나기 위해 지금까지의 상식을 깨뜨린다는 의미)
- ㉡ '상식을 의심합시다' (당연한 것이 아니라 더 나은 것을 계속 추구한다는 의미)
- ㉢ '동경하지 맙시다' (닿을 수 없는 존재가 아니라 동등한 입장에서 싸우겠다는 의미)

③ 말을 반복하기

가령 코어 메시지로 '신뢰받도록 합시다'라고 하면 대부분이 흔한 말이라고 생각할지 모릅니다. 이렇게 일반적이고 평범한 말을 사용하면 임팩트가 약해서 듣는 사람의 흥미를 이끌어내지 못합니다. 그렇다고 다른 말로 바꾸려니 원래의 생각과 다소 뉘앙스가 바뀌고 맙니다. 이럴 때는 반복도 하나의 방법입니다.

원래 : 신뢰받도록 합시다.
대체 : 신뢰에 신뢰를 쌓읍시다.

흔한 말이라도 반복하면 그 중요성에 대해 듣는 이의 관심을 환기시킬 수 있습니다. 여러 가지 메시지 중에서 코어 메시지를 선정할 때는 '말의 울림'이라는 감각적인 부분을 중시하기도, '차별성과 개성'을 부각시키는 임팩트를 중시하기도 합니다. 반드시 처음에 떠오른 코어 메시지가 최선이라는 법은 없습니다. 코어 메시지가 자신이 하고 싶은 이야기에 정말로 적합한지 고민하는 과정을 통해 더 세련된 표현을 만날 수 있습니다.

코어 메시지는 그 존재만으로도 이야기가 크게 바뀝니다. 갈고 닦을수록 더 빛나는 코어 메시지가 되겠지만, 우선은 코어 메시지를 반드시 넣겠다는 마음가짐이 중요합니다. 무엇보다 '무슨 말을 하고 싶은 거지?'라는 반응을 겪는 일은 결코 없을 것이기 때문입니다. 말하는 목적을 정리하고 전하고 싶은 말을 알기 쉽고 명확히 제시할 수 있으면 이제 목적 달성까지 얼마 남지 않았습니다.

2
CHAPTER

"

구성

이야기의 인상을 결정짓는 '순서'와 '비율'

"

💬 '두괄식'이 절대적이지는 않다

'코어 메시지'를 정했다면 이제 그것이 가장 돋보이게 말해야 합니다. 그래서 '어떤 순서로', '무엇을', '얼마나' 말하는가, 즉 이야기의 '구성'에 대한 지식도 갖추어야 합니다.

일반적으로 최고의 구성이라며 소개하는 기법이 있습니다. 그중에서 '두괄식'이나 'PREP(프렙)'처럼 '결론부터 먼저 이야기'하는 방법이 널리 알려져 있습니다

'두괄식'은 말 그대로 결론을 먼저 밝힌 후 이야기를 풀어가는 식인데 비즈니스 현장에서는 이 구성이 최고라고 생각하는 경우가 많습니다. 'PREP'은 두괄식을 좀 더 세밀하게 나눈 구성법입니다. 각각 Point(가장 전달하고 싶은 결론, 요점, 주장), Reason(이유), Example(사례), Point(결론)의 앞 글자를 딴 것으로 논리적인 구조를 만들 수 있다고 알려졌습니다.

이러한 틀에 맞춰서 구성하면 확실히 알기 쉬운 이야기가 되고, 필자도 이 방법을 활용하여 연설하고 교육하는 경우도 있습니다. 다만 '두괄식'이나 'PREP'이 만병통치약인 듯 맹신하는 분위기에는 물음표를 붙이지 않을 수 없습니다. 결론부터 이야기하니까 인간미가 없다는 반응도 있고, 처음에만 집중하고 뒤에 나오는 이야기는 듣는

둥 마는 둥 한다는 경우도 없지 않습니다. 듣는 사람의 생각과 상반된 결론이기라도 하면 처음부터 감정이 격앙되어 뒤에 나오는 이야기는 귀에 들어오지도 않습니다. 순서에 따라 차근차근 설명하는 구성이 보다 건설적으로 이야기를 나누는 방법일 수도 있습니다. 상황이 어떻든 간에 말하는 행위는 사람과 사람 사이의 커뮤니케이션입니다. 반드시 두괄식이 절대적이라고는 할 수 없습니다.

'이 이야기는 반드시 이런 구성으로 이야기한다'는 식으로 '하나로 정해두는 방식'은 좋지 않다고 생각합니다. 이상적인 구성은 때와 장소, 상황에 따라 바뀌기 때문에 정답이 하나인 구성은 존재하지 않습니다. 구성이란 목적과 대상에 따라 최적으로 맞춰가야 하는 것입니다. '반드시 이런 형식으로 말해야 해!'라는 생각은 오히려 '전달력'을 떨어트립니다. 대상과 목적에 맞게 유연하게 구성을 바꾸어 말할 수 있는 능력을 목표로 삼읍시다.

💬 문장의 순서가 이야기의 인상을 바꾼다

구성을 짤 때는 '순서'를 가장 먼저 생각해야 합니다. 쉽게 생각하는 사람도 많지만 글의 순서가 이야기의 인상을 좌우합니다. 다음의 결혼식 축사를 비교해서 살펴봅시다.

① 미영 씨를 중학교 때 학생회 활동으로 만났습니다. 활동적이고 항상 웃는 얼굴이 끊이지 않는 그녀는 인기가 참 많았습니다. 저는 그런 그녀가 마냥 부러웠습니다. 저에게 미영 씨는 라이벌이자 인생의 콤비입니다.

....

② 항상 부러웠습니다. 활동적이고 항상 웃는 얼굴이 끊이지 않는 미영 씨는 인기가 참 많았습니다. 저와는 중학교 때 학생회 활동으로 만나 동고동락해 왔습니다. 미영 씨는 저의 라이벌이자 인생 최대의 콤비입니다.

전자는 자랄 때 이야기부터 시작하면서 정중하게 미영 씨의 매력을 어필하는 구성입니다. 반면에 후자는 솔직하게 속마음부터 털어놓는 구성으로 두 사람이 허물없는 사이임을 알 수 있습니다.

같은 문장의 조합이라도 '순서'의 차이 하나로 듣는 사람이 느끼는 인상은 많이 달라집니다.

목적에 따른 이야기 구성
....

문장의 순서에 대해 좀 더 알아보겠습니다. 예를 들어 회사의 월간 팀미팅에서 '팀의 분위기를 끌어올릴 목적'으로 '힘을 모으면 성과를 낼 수 있다'는 코어 메시지를 전달한다고 합시다. 일반적인 구성은 다음과 같은 순서일 것입니다.

Ⓐ 지난달에는 작년 대비 110%의 매출을 달성할 수 있었습니다.

Ⓑ 올해는 실적이 좋은 팀원이 빠지면서 매출이 저조한 상황이 계속되었습니다.

Ⓒ 하지만 고객의 피드백을 함께 공유하고 서로가 아이디어를 적극적으로 내면서 고객이 원하는 제안을 할 수 있게 되었습니다.

Ⓓ 이 경험을 통해 저는 '힘을 모으면 성과를 낼 수 있다'는 사실을 새삼 실감할 수 있었습니다.

Ⓔ 이번 달도 목표를 달성할 수 있도록 힘을 모아봅시다.

이와 같이 단계를 밟아 알기 쉽게 전달할 수 있습니다. 그럼 순서를 조금 바꿔보겠습니다.

Ⓓ 올해 특히 실감 중인 일이 있습니다. 바로 '힘을 모으면 성과를 낼 수 있다'는 것입니다.

Ⓑ 올해는 실적이 좋은 팀원이 빠지면서 매출이 저조한 상황이 계속되었습니다.

Ⓒ 하지만 고객의 피드백을 함께 공유하고 서로가 아이디어를 적

극적으로 내면서 고객이 원하는 제안을 할 수 있게 되었습니다.

Ⓐ 이를 통해 지난달에는 작년 대비 110%의 매출을 달성할 수 있었습니다.

Ⓔ 이번 달도 목표를 달성할 수 있도록 힘을 모아봅시다.

코어 메시지가 포함된 Ⓓ의 문장을 첫머리로 가져와서 메시지를 강조하는 구성이 되었습니다. 또한 Ⓑ나 Ⓒ의 구체적인 에피소드를 먼저 이야기해서 그 결과인 Ⓐ의 매출 숫자도 부각시켰습니다.

다음과 같은 구성도 가능합니다.

Ⓑ 올해는 실적이 좋은 팀원이 빠지면서 매출이 저조한 상황이 계속되었습니다.

Ⓐ 하지만 지난달에는 작년 대비 110%의 매출을 달성할 수 있었습니다.

Ⓒ 이는 고객의 피드백을 함께 공유하고 서로가 아이디어를 적극적으로 내면서 고객이 원하는 제안을 할 수 있게 되었기 때문입니다.

Ⓓ 즉 '힘을 모으면 성과를 낼 수 있다'는 것입니다.

Ⓔ 이번 달도 목표를 달성할 수 있도록 힘을 모아 업무에 힘써 봅시다.

부정적인 내용인 Ⓑ를 먼저 언급해서, 그래도 힘을 모아 목표를 달성했다는 스토리텔링이 돋보이는 구성입니다.

정보를 제시하는 순서에 따라 이야기의 인상이 이렇게나 바뀝니다. 단순히 알기 쉽게 전달하고 싶은지, 앞을 알 수 없는 이야기로 시선을 끌고 싶은지, 감동을 주는 이야기를 하고 싶은지 등 **목적에 맞춰 구성하는 것이 중요합니다.**

무엇을 말할 것인가, 얼마나 말할 것인가

순서에 이어서 검토해야 할 것은 이야기의 '비율'입니다. 여기서부터는 이야기 전체를 구성하는 요소를 토픽이라고 부르겠습니다. 말하기에서 '비율'은 토픽 하나하나에 대해 '어디에 얼마의 시간을 할애하여 이야기할 것인가'에 해당합니다.

이야기의 순서를 잘 구성해도 토픽 비율에 문제가 있으면 코어 메시지의 전달이 원활하지 못할 수 있습니다. 왜 그런지 예를 들어 설명하겠습니다. 회사 팀원의 실적에 대해 피드백하는 장면입니다.

'Ⓐ=장점, Ⓑ=개선점, Ⓒ=총정리 및 감사 인사'를 어떠한 비율로 이야기할지 생각합니다. 목적은 '우수 직원을 격려하고 더욱 긍정적으로 성장하기를 바란다'이고, 코어 메시지는 '당신은 더 잘할 수 있다'입니다. 이처럼 긍정적인 메시지를 전달하고 싶은 경우에는, 예를 들어 'Ⓐ6 : Ⓑ3 : Ⓒ1'의 비율을 생각할 수 있습니다.

Ⓐ 저는 당신의 반기 업무를 평가하고 있습니다. 당신은 프로젝트 수행 시 리더십을 발휘하고 팀원들에게 재량권을 부여하여 팀 매출 증가에 기여했습니다. 팀원들도 '도전하기 쉬워졌다'는 이야기를 하고 있습니다. 팀 전체가 의욕이 넘치고 업무 속도가 빨라진 것은 당신의 노력 덕분입니다.

Ⓑ 다만 팀의 속도감을 중시한 나머지 의사소통에 소홀한 듯합니다. 앞으로는 업무의 질을 높이기 위해서라도 의식적으로 팀원들과 이야기를 많이 나눠 주기 바랍니다.

Ⓒ 당신은 더 잘할 수 있습니다. 같이 힘냅시다.

달성 실적을 평가한 후 더 잘할 수 있으니 함께 힘내자라는 긍정적인 메시지가 느껴집니다. 반면에 토픽 비율을 'Ⓐ3 : Ⓑ6 : Ⓒ1'로 배분하면 어떨까요?

Ⓐ 저는 당신의 반기 업무를 평가하고 있습니다. 당신은 리더십을 발휘하여 팀 매출 향상에 기여했습니다.

Ⓑ 다만 팀의 속도감을 중시한 나머지 의사소통에 소홀한 듯합니다. 피로를 호소하는 일부 팀원이 불만을 제기하고 있으며 건강을 이유로 연차를 내는 팀원도 늘었습니다. 회사 일도 소통이 가능한 건전한 업무 환경이 전제가 되어야 합니다. 팀을 하나로 만들고 업무의 질을 높이기 위해서라도 의식적으로 팀원들과 이야기를 많이 나눠 주기 바랍니다.

ⓒ 당신은 더 잘할 수 있습니다. 같이 힘냅시다.

'업무를 평가하고 있다', '의사소통을 중시해주기를 바란다', '당신은 더 잘할 수 있다'와 같이 첫 번째와 같은 토픽을 같은 순서로 이야기했습니다. 하지만 Ⓑ의 개선점을 보다 상세하게 언급하는 전개로 인해 냉정하고 엄격하다는 인상을 줍니다. 이처럼 말하는 목적과 코어 메시지가 명확해도 전체 이야기의 토픽 비율에 따라 인상이 크게 달라진다는 사실을 알 수 있습니다.

💬 '목적'에 관련된 내용의 비율을 늘린다
....

비율을 생각할 때 가장 간단한 규칙은 '목적'과 관련성이 높은 토픽량을 늘리는 것입니다. 당연한 말 같지만, 이 점을 간과해 목적과 다른 방향으로 이야기가 흐르거나 관계없는 토픽에 많은 시간을 허비하는 일은 비일비재합니다.

앞의 예에서 목적은 '우수 직원을 격려하고 더욱 긍정적으로 성장하기를 바란다'이므로 마땅히 '장점'을 많이 언급해야 합니다. 하지만 비율을 제대로 정리해두지 않으면 말하다가 '그러고 보니 다른 팀원들이 다들 피곤해 보이던데…', '저번에도 갑자기 연차를 쓴 팀원이 있었어…'와 같이 '개선점'과 관련된 토픽 이야기가 주를 이루는 경우가 생기기도 합니다. 그렇다면 피드백을 받은 팀원은 '격려'라기보다는 인간관계에 유의하라는 '주의'를 받았다는 인상이 강할 것입니다.

말하는 목적이 '문제점을 지적하고 개선을 도모한다'라면 틀린 이야기가 아니었지만, '더 잘하도록 격려한다'가 목적이면 목적 달성에 실패한 셈입니다. 마음속으로는 격려할 의도였다고 해도 듣는 사람은 들리는 이야기로 판단할 수밖에 없습니다. 그래서 '말하는 목적'이 중요한 것입니다.

평소의 생각이나 자기 안의 감정에 이끌려 생각 없이 이야기하는 사람이 많습니다. 이런 경향은 특히 '생각나는 대로 장황하게 이야기하는 사람'에게 강하게 나타납니다. 하나의 토픽을 얼마나 이야기할지, 그 토픽이 목적 달성에 기여하는지를 정밀하게 살펴봐야 합니다.

💬 '열망'이라는 함정
·······················

목적 달성에 불필요한 이야기를 과도하게 많이 하거나 반드시
필요한 내용을 누락하는 경우도 있습니다. 필자가 예전에 담당했
던 업무를 사례로 살펴보겠습니다.

대기업 사장이 고객이었습니다. 그 기업은 여러 분야에 걸쳐 A,
B, C와 같은 다양한 사업을 전개하고 있었습니다. 회사 총회 때 발
표할 연설문을 살펴보니 A사업에 대한 이야기로 가득 차 있었습
니다. 비율로 따지면 '인사1 : A사업8 : 총정리1'이었습니다. 의아해
서 물었더니 사장을 비롯한 임원진은 A사업에 그야말로 사운을 걸
고 있다고 했습니다. 그와 같은 열망이 연설문의 비율에 영향을 미
친 것입니다. 제가 봐도 A사업의 실적이 개선되면 회사 전체가 비
약적으로 성장하는 구조임을 어렵지 않게 상상할 수 있었습니다.
하지만 중요한 것은 연설이 이루어지는 총회는 '사업부 총회'가 아
니라 '회사 전체 총회'라는 점입니다. B사업이나 C사업에 종사하는
직원들이 A사업에 대한 이야기로 가득한 연설을 듣고 무슨 생각이
들까요?

애초에 사장은 '종업원 전체를 고무시키는 것'이 목적이고, 그 목적을 달성하기 위해 코어 메시지를 '다시 단결하자'로 세웠습니다. 하지만 단결을 말하면서 A사업에 대해서만 이야기하면 다른 사업 구성원의 동참을 이끌어낼 수 없습니다. 결과적으로 목적 달성에 실패할 가능성이 높습니다. 그래서 연설 전체의 정보 비율을 바꾸자고 건의했습니다. 아무리 A사업에 대한 열망이 강해도 지금의 비율로는 '목적'을 달성할 수 없다고 판단을 했기 때문입니다. B나 C 사업의 중요성도 언급해야 회사 전체가 하나가 되어 시너지를 높일 수 있다고 설명했습니다.

목적 달성을 고려해서 '인사1 : A사업5 : B사업2 : C사업1 : 총정리1'의 비율로 재구성하고, 'A사업의 중요성'을 강조하면서 '다시 단결하자'라는 메시지를 전사적으로 전달하는 것이 좋겠다는 의견이었습니다. 정보 비율은 듣는 사람에 대한 '배려' 그 자체입니다.

열망이 강하다면 그만큼 어떻게 하면 듣는 사람에게 자신의 생각을 전달할 수 있는지 충분히 고민하고 현명하게 대처해야 합니다.

💬 '일관성 있는 이야기'인가
······································

'순서'와 '비율'을 적절하게 구성했다면 마지막에는 일관성을 재확인합니다. '일관성이 있다'는 말은 이야기 전체가 논리정연하다는 의미입니다. 이야기가 이치에 맞고 'A이기 때문에 B, B이기 때문에 C'와 같은 식으로 처음 듣는 사람도 특별한 어려움 없이 새로운 정보를 순서대로 이해할 수 있는 상태입니다. 일관성이 없는 이야기는 'A이기 때문에 C'와 같이 비약하는 경우가 많습니다. A이야기를 하고 있었는데 갑자기 D이야기로 빠지더니 결국 A와 관계없는 이야기만 하다가 끝나는 경우도 있습니다.

논리의 비약과 혼들리는 주장은 말하는 사람의 신뢰를 떨어트립니다.

'순서'나 '비율' 등 미시적인 관점에서 문장 하나하나를 상세히 살피다 보면 전체적인 모습을 놓칠 수 있습니다. 그럴 때는 하고 싶은 말을 돋보이게 하는 요소가 갖추어져 있는지, 이야기가 도중에 다른 데로 빠지지는 않는지, 하고 싶은 말이나 주장에 흔들림은 없는지 등 거시적인 관점에서 확인하도록 합시다.

자유로운 구성이 가능한 '가위 기법'

대형 프레젠테이션이나 연설과 같이 많은 준비가 필요하거나 실전까지 시간적 여유가 충분하다면 '가위 기법'을 활용해 보는 것을 추천합니다. 먼저 작성한 원고를 종이로 출력합니다.

- 종이를 단락별로 가위로 자릅니다.
- 각각의 자른 종이를 바꿔가며 더 나은 구성을 찾아봅니다.

이때 내용이 부실한 단락이 있거나 새로운 전개가 필요하다면 백지에 그 내용을 메모해서 삽입합니다. 단락이 통째로 필요 없다면 그 종이는 가장자리로 비켜 놓습니다. '듣는 사람이 어느 타이밍에 어떤 기분을 느낄지', '어디서 지루해질지' 등을 예측하면서 다양한 패턴의 구성을 시험해 보면 최적의 가까운 구성을 찾을 수 있습니다.

단락의 순서 바꾸기라는 측면에서만 보면 컴퓨터 모니터를 보면서 오려두기와 붙이기를 반복하는 방법도 있습니다. 하지만 종이를 사용하는 장점은 물리적인 공간에서 마음대로 움직일 수 있다는 점입니다. 마지막에 위치한 단락을 첫머리로 옮기는 등의 대담한 수정도 시도하기 쉽고 내 안에 있는 고정관념에서 벗어난다

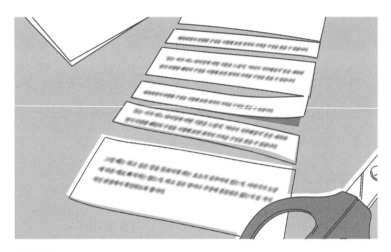

가위 기법
작성한 원고를 종이로 출력하여 단락별로 가위로 자릅니다. 자른 종이를 바꿔가며 최적의 구성을 찾아봅니다. 물리적으로 마음대로 움직일 수 있어 다양한 패턴을 검토할 수 있습니다.

는 감각을 익히기도 쉽습니다. 또한 각각의 종이 크기가 어떤 이야기에 어느 정도의 비율을 할애했는지 시각적으로도 쉽게 확인할 수 있습니다.

구성 작업을 할 때는 '이 정도면 전달되겠지'라는 안이한 생각에서 벗어나는 것이 중요합니다. 단락별로 자른 원고를 자유롭게 움직이면서 더 나은 구성을 찾아봅시다.

간과하기 쉬운 이야기 첫머리의 중요성

지금까지 구성법에 대해 설명했습니다. '어떤 순서로, 무엇을, 얼마나 이야기하면 좋을지'에 대해 깊게 생각하는 계기가 되었으리라고 생각합니다. 그럼 마지막으로 이야기 전체를 아우르는 이야기의 '첫머리'와 '마무리'를 어떻게 구성하면 좋을지에 대해 구체적인 사례를 들어 설명하고 이번 장을 정리하겠습니다.

연설이나 프레젠테이션, 축사 등 특별히 말할 시간이 주어지는 자리에서는 이야기의 시작이 중요합니다. 시작을 잘하면 듣는 사람의 집중력을 높일 수 있고 좋은 첫인상을 줄 수 있습니다. 반대로 말하면 뻔한 시작은 듣는 사람의 이탈을 의미합니다.

필자는 사회가 '첫머리'에 대한 배려가 부족하다고 늘 생각해왔습니다. 예전에 다니던 직장에서 인사업무를 담당할 때 겪은 일입니다. 대학 졸업 예정자를 대상으로 하는 합동 기업 설명회에서 프레젠테이션을 할 기회가 있었습니다. 각각의 기업이 차례대로 100여 명의 학생을 앞에 두고 프레젠테이션을 진행했습니다. 주어진 시간은 회사당 7분이었고 대부분의 기업은 다음과 같은 이야기로 프레젠테이션을 시작했습니다.

에~, 방금 소개받은 주식회사 ××의 ○○라고 합니다. 오늘은 주식회사 ××의 회사 설명을 하겠습니다.

10개에 가까운 회사가 판에 박은 듯 이미 사회자가 소개했음에도 소속이나 이름을 형식적으로 반복할 뿐이었습니다. 그냥 형식에 따라 이야기하면 그뿐이라는 풍조가 만연해 재미도 개성도 없었습니다. 듣는 사람은 마냥 똑같은 첫머리만 듣게 되면 '분명 이 회사도 아까 회사와 비슷하겠지'라는 뻔한 생각을 하고 더 이상 마음을 열지 않습니다. 그래서 저는 다른 시작을 보여줬습니다.

저희는 '엔터테인먼트'로 '사회공헌'을 꿈꾸는 기업입니다. 각기 다른 두 가지 영역을 어떻게 조합했을까요? 여기를 보시기 바랍니다.

사회자의 소개를 받자마자 회사명은 말하지 않고, 다짜고짜 회사의 키워드를 나열하는 것으로 이야기를 시작했습니다. 듣는 사람의 궁금증을 유발하는 첫머리입니다. 회사 개요를 충분히 설명한 후에 비로소 "인사가 늦었습니다. 저는 ××의 ○○라고 합니다."라며 구체적인 자기소개를 했습니다.

이 프레젠테이션 구성은 매우 효과적이었습니다. 강당의 분위기가 순식간에 바뀌면서 학생들의 눈빛이 달라졌습니다. 결과적으로 합동 설명회에 참가한 기업 중에 '가장 기억에 남는 프레젠테이션'으로 선정되기까지 했습니다.

이처럼 허술한 첫머리는 굳이 필자의 경험을 들지 않더라도 대형 이벤트나 프레젠테이션, 연설 등 다양한 장면에서 흔히 접할 수 있는 공통된 사례가 아닐까요? 현대 사회는 넘쳐나는 다양한 콘텐츠가 이용자의 눈에 들려고 쟁탈전을 벌이는 전장과도 같습니다. 겨우 몇 줄 혹은 몇 초에 불과할지 몰라도 '뻔하고 식상한 첫머리'는 모처럼 주어진 시간과 기회를 망치는 결과를 초래하기에 충분합니다. 아무런 흥미를 주지 못하고 버리는 시간이 되기 쉬운 이야기의 첫머리일지라도 목적에 공헌할 수 있도록 좀 더 구성의 정밀도를 높이도록 합시다.

💬 도전하는 자에게만 보이는 광경

이런 이야기를 하면 몇 가지 위화감을 느끼는 사람들도 있습니다. 그중 하나는 "그럼 흔한 첫머리는 안 되나요?"입니다. 그렇지 않습니다. 상황에 따라서는 오히려 단순하고 흔한 표현이 효과적일 수도 있습니다. 여기서 설명하는 요지는 생각 없이 남들과 똑같은 첫머리로 이야기를 시작하지 말고 목적 달성에 부합하는지 의식적으로 고려해야 한다는 것입니다. 또 "나는 영업직이니까 그렇게까지 엄격할 필요는 없죠?"라는 사람도 있습니다. 일상적인 업무상 커뮤니케이션에서 이야기의 첫머리까지 궁리하는 것은 부자연스럽다는 의견입니다. 물론 모든 상황에 특별한 장치를 마련할 필요는 없습니다.

필자는 대표이사의 입장으로 말할 기회가 많습니다. 연설, 프레젠테이션, 인터뷰, 라디오, TV, 업무 미팅, 직원과의 협의 등 상황도 매우 다양합니다. 하지만 업무 미팅이나 라디오, TV, 직원과의 협의 등 상대와의 쌍방향의 커뮤니케이션이 많은 자리는 알기 쉽게 이야기하는 것이 중요하므로 특별히 첫머리를 고민하지는 않습니다. 적절한 질문이나 의견을 전하는 것이 더 필요하기 때문입니다. 사업 설명 프레젠테이션 등도 마찬가지입니다.

반면에 시선을 끌어야 하는 자리라면 반드시 첫머리를 고민합니다. 예를 들면 연설이나 미션 등을 설명하는 프레젠테이션, 동영상 메시지 등 사람의 마음을 사로잡고 싶을 때는 식상한 첫머리는 피합니다.

어디서든 통하는 말하기 SKILL

말하는 자리가 알기 쉽게 이야기해야 하는 자리인지, 아니면 시선을 끄는 이야기가 필요한 자리인지를 잘 판단해서 선택하는 것이 중요합니다.

마지막으로 "특별한 첫머리는 왠지 부끄럽다"는 의견도 자주 듣습니다. 혼자만 튀는 것 같아서 두렵다는 의미일 것입니다. '목적 달성을 위한 말하기 트레이닝'이라는 측면에서 부끄럽고 혼자 튀는 것이 두렵다고 생각하는 것은 본질적으로 극복해야 할 문제입니다. 첫머리에 마음을 담은 말을 해본 사람만이 고개를 들어 이야기에 귀를 기울이는 청중의 반짝이는 눈빛이 어떤 느낌인지 알 수 있습니다.

도전한 사람만이 느낄 수 있는 광경을 맛보고 싶다면 이야기의 첫머리를 신중하게 생각해서 정해야 할 것입니다.

관심을 유도하는 첫머리

그러면 지금부터는 듣는 사람을 사로잡기 위한 '첫머리'를 몇 가지 소개하겠습니다.

먼저 '질문하기 및 촉구하기'입니다. 첫머리를 구상할 때 가장 유명한 방법이라고 해도 과언이 아닙니다. 일방적으로 이야기하지 않고 쌍방향 커뮤니케이션이 가능하다는 점이 듣는 사람의 이목을 끌기에 매우 효과적입니다. 질문하기와 촉구하기는 다음과 같은 차이가 있습니다.

'질문하기'는 "여러분은 ××해본 적이 있습니까?"와 같이 말 그대로 듣는 이에게 질문을 던지는 방법입니다. 예를 들어 다음과 같은 첫머리를 영업 자료에 사용하는 경우입니다.

☺ **GOOD** ───○

6.1시간. **이 숫자가 무엇이라고 생각하십니까?**

거래처 담당자는 고개를 갸웃하거나 "일주일 동안 말하는 시간의 합일까요?"고 답하기도 합니다. 이렇게 의견을 듣고 난 후에 "실은 평일 평균 말하는 시간의 합계입니다!"라고 말하면 "네에? 그렇게 많다고요?"라는 반응을 보입니다. 질문은 이렇게 주고받으면서 양측이 같은 내용으로 이야기를 심화할 수 있는 장점이 있습니다.

이와 같은 첫머리는 듣는 사람과 소통할 때 매우 편리한 방법이지만 주의해야 할 점도 있습니다. 바로 '질문 후에 사이를 두지 않고 곧장 이야기를 시작하는 행동'입니다. "여러분은 자신의 말하기에 대해 고민해 본 적이 있습니까? 저는 원래…" 등과 같이 '질문'에 생각할 시간도 주지 않고 곧바로 이야기를 시작하면 단순히 '형식상 질문이었구나'하는 인상을 줘서 오히려 귀를 닫아버리는 부작용이 생깁니다. 이 방법을 효율적으로 활용하려면 질문하는 목적을 상기하고 반드시 듣는 사람이 충분히 생각할 수 있는 시간을 확보해 주는 것이 중요합니다.

그리고 '촉구하기'는 "여러분은 ××해본 적이 있습니까? ××해본 적이 있는 분은 손을 들어 주세요"와 같이 그 자리에서 듣는 사람에게 액션을 재촉하는 방법입니다. 촉구하기는 청중에게 손을 들게 하거나 박수를 유도하는 등 어떠한 행동을 요구하기 때문에 지루함 없이 이야기에 집중하도록 만드는 효과가 있습니다.

이 방법을 무척 잘 활용한 정치인도 있습니다. 그는 연설할 때 현장의 분위기나 현지의 사안을 잘 녹여서 이야기하는 것이 탁월했는데, 그 밑바탕에는 듣는 사람에게 연설장에 '오길 잘했다', '연설을 듣고 긍정적으로 바뀌었다' 등의 기분을 선사해주겠다는 목적이 있기 때문일 것입니다. 가령 연설회장에 교복 차림의 학생들이 눈에 띄면 "이 중에 고3이 있나요? (손을 드는 제스처를 취한다.) 이번 선거에 처음으로 투표권이 생기겠군요?"라고 말해 관심을 유도하는 등의 방법을 자주 구사했습니다.

질문하기나 촉구하기는 특히 '내 이야기에 무관심하면 어떡하지?'라는 불안감이 생길 때 활용하면 좋은 방법입니다.

첫머리부터 단번에 사로잡기

다음은 '경험 묘사'입니다. 시선을 끌고 싶을 때는 뜬금없이 스토리텔링부터 시작하는 경우도 많습니다(스토리텔링의 구체적인 방법은 제3장에서 자세히 다루겠습니다.). 그럴 때는 경험 묘사가 매우 효과적입니다. 마치 소설 속 이야기에 빠져 자신도 그 상황에 함께 놓인 듯한 느낌을 제공해서 사람을 몰두하게 만듭니다.

아마존 창업자인 제프 베이조스의 프린스턴 대학 졸업식 연설은 다음과 같이 시작합니다.

어렸을 때 매년 여름이 되면 텍사스에 계시는 조부모님 농장에서 지냈습니다. 풍차를 수리하거나 가축에게 예방 주사를 놓거나 이런저런 허드렛일을 도왔죠.
오후에는 매일 멜로드라마를 봤습니다. 특히 〈데이즈 오브 아워 라이브스)는 빼놓지 않고 봤습니다. ……

자신의 이름도 밝히지 않고 흔한 축하 말도 없이 갑자기 스토리텔링을 시작하면 어떤 이야기가 시작될까, 하고 듣는 이의 주목을 곧바로 이끌어낼 수 있습니다. 단번에 관심을 모으는 데 매우 효과적인 방법입니다. 대학 졸업식이라는 자리에서 이후 어떤 이야기가 펼쳐졌을지 여러분도 궁금해졌다면 꼭 한번 찾아 읽어보길 바랍니다.

이 방법은 제가 개인적으로 스피치할 일이 있을 때도 자주 사용합니다. 예전에 웅변대회에서 다음과 같은 첫머리로 이야기를 시작한 적이 있습니다.

겨울바람에 차가워진 손으로 정성 들여 작성한 신청서를 들고 종이의 무게감을 느끼면서 창구로 향했습니다. 2019년 구청에 신청서를 제출한 그날부터 저는 주식회사의 대표이사가 되었습니다. ……

계절감이 느껴지는 표현과 행동 묘사로 당시 제가 겪었던 분위기를 듣는 사람도 느낄 수 있는 문장이라고 생각합니다.

💬 '시간 여행'을 떠나게 해주는 첫머리

세 번째는 '시제'입니다. 구체적으로 년도, 날짜, 시간 등을 정확하게 전달한 후에 이야기를 풀어내는 방법입니다. 다소 침울하고 무거운 분위기에서도 임팩트 있는 전달이 가능한 방법입니다. 과거의 팩트나 스토리를 거론할 때 편리하다는 것이 장점 중 하나입니다.

예를 들어, 1982년 젊은 날의 스티브 잡스는 학생들을 대상으로 매킨토시를 소개하는 프레젠테이션을 했을 때 다음과 같이 이야기를 시작했습니다.

1958년, IBM은 제로그래피라는 신기술을 개발한 신생기업을 인수할 기회를 놓쳤습니다. 2년 뒤 제록스가 탄생하고 IBM은 후회합니다. ……

거대 라이벌 기업인 IBM을 비꼬면서 매킨토시 개발에 이르게 된 경위를 시제를 활용하여 능숙하게 이야기했습니다.

어디서든 통하는 말하기 SKILL

시간은 인간이 공통으로 인식하는 지표입니다. 듣는 이는 시제를 들으면 머릿속에서 자기 자신을 그때로 시간 여행을 시켜 이야기를 들을 준비를 합니다.

이상 살펴본 바와 같이 어떻게 이야기를 시작하느냐에 따라서 실현할 수 있는 것과 얻을 수 있는 효과가 다릅니다. 무의식적으로 이야기를 시작할 것이 아니라 상황에 맞게 고민하여 구상하는 것이 얼마나 중요한지 알 수 있습니다.

다음에 나오는 것은 다양한 연설과 프레젠테이션을 분석해서 이야기의 첫머리를 '17가지 형태'로 분류해 봤습니다. 이야기의 목적에 맞게 알맞은 형태를 선택해서 사용해보기를 바랍니다.

| 이야기의 첫머리 '17가지 형태' |

● 일반적인 심플한 도입형

① 인사 : **"좋은 아침입니다", "안녕하세요."**

모인 사람에게 긍정적인 자세를 보여줄 수 있다. 잠시 사이를 두면 인사가 돌아온다.

② 내용 명시 : **"오늘은 ××에 대해 이야기하겠습니다."**

가장 심플한 표현법 중 하나. ××에 특별한 말을 넣으면 시선을 끌 수도 있다.

③ 솔직한 소감 : **"오늘 이 자리에 서게 돼 정말 기쁩니다."**

긴장감을 줄여주고 따뜻한 분위기가 된다. 듣는 사람과의 거리를 가깝게 할 수 있다.

④ 목적 명시 : **"오늘은 여러분의 ××에 대한 생각을 바꾸러 왔습니다."**

이야기가 끝난 후 듣는 사람의 상태를 예언함으로써 각오를 보여줄 수 있다.

⑤ 감사의 말 : **"지금 이 순간도 ××는 ××해주시고 계십니다. 항상 감사합니다."**

듣는 사람이 동료일 때 특히 효과적이다. 감사의 구체성을 더하면 진정성이 향상된다.

● 쌍방향 커뮤니케이션형

⑥ 질문하기 : **"××에 대해 생각해 본 적이 있습니까?"**

듣는 사람의 생각을 촉구하여 화제를 자신의 일로 받아들이게 하는 효과가 있다.

⑦ 촉구하기 : **"××를 아시는 분은 손을 들어주세요."**

'손을 든다'는 구체적인 행동을 유도하므로 참여의식을 높이기 쉽다. 참가하기 쉬운 질문이 효과적이다.

● 시선 끌기 : 스토리텔링 및 팩트 활용형

⑧ 비유 : **"그 광경은 마치 ××같았습니다."**

어떤 이야기가 시작될지 궁금증을 유발할 수 있다.

⑨ 경험 묘사 : **"어느 6월의 아침, 졸린 눈을 비비며 집안을 거닐다 보니…"**

말하는 사람의 체험을 듣는 사람과 나눌 수 있다.

어디서든 통하는 말하기 SKILL

⑩ 시제 : "2019년 12월, 저는 그날 ××를 했습니다."

장소를 불문하고 여러 상황에서 사용하기 편리하다. 특별한 사건을 상기시킬 수도 있다.

⑪ 좋고 싫음 : "저는 ××가 좋습니다.", "저는 ××가 싫습니다."

자신의 성격이나 됨됨이를 알리고 싶은 자리에서 효과적이다. '싫음'을 나타낼 때는 듣는 사람의 성향도 고려해야 한다.

⑫ 대화 : "'××××', 저는 이전에 ××에게 이런 말을 들었습니다."

현장감을 주는 표현법. 이야기에 제3자를 등장시켜 설득력을 높일 수 있다.

⑬ 숫자 : '6초에 한 번. 이것은 ××입니다.'

숫자가 주는 임팩트를 활용할 수 있다. 숫자를 강조해서 말하면 더욱더 효과적이다

⑭ 작품의 한 구절이나 명언 인용 : "'××××' 어떤 소설의 첫 구절입니다."

지적인 인상을 줄 수 있다. 이어지는 문장과의 관련성에 주의해야 한다.

⑮ 웃음 : '오늘 이 자리에 서기 전까지 몇 번이나 집에 가고 싶었는지 모릅니다.'

TED 토크 등에서 자주 사용되는 방법. 듣는 사람이 말하는 사람에게 호의적일 때 효과적이다.

⑯ 커밍아웃 및 본심 : "사실 원래 ××가 아니었습니다. 저는 ××입니다."

자신에 대한 주변의 이미지를 바꾸는 방법. 개인적인 이야기를 덧붙이면 흥미를 높일 수 있다.

⑰ 짧은 말 : "'호기심!' 이것이 저를 살게 하는 단어입니다."

기억에 남기고 싶은 단어나 문장을 제시하면 효과적이다. 단어나 문장의 선정이 중요하다.

💬 '마무리'의 포인트는 '여운 남기기'

스피치의 끝인 '마무리'는 '첫머리'와 마찬가지로 어떻게 구성하느냐에 따라 이야기 전체의 인상이 크게 바뀝니다. **마무리의 최대 목표는 이야기에 좋은 여운을 남겨 만족감을 높이는 것입니다.** 코어 메시지를 잘 담았다고 해도 퉁명스럽게 이야기를 끝내면 듣는 사람은 코어 메시지를 되새기고 음미하지 않기 때문에 깨달음이나 감동이 반감됩니다.

😞 BAD ─────────────────────────────────

제가 하고 싶은 이야기는 '말하기는 노력하면 바꿀 수 있다'는 것입니다. 이상입니다.

여기에 그치지 않고 마무리를 보강하면 다음과 같습니다.

☺ GOOD ─────────────────────────────────

제가 하고 싶은 이야기는 '말하기는 노력하면 바꿀 수 있다'는 것입니다. **저는 제 일을 하면서 많은 분의 변화를 지켜봤습니다. 올바른 학습 방법을 만나면 누구나 좋아질 수 있습니다. 말하기 능력은 과감한 도전으로도 이어집니다. '말하기는 노력하면 바꿀 수 있다'는 말을 꼭 기억해주세요. 그리고 저는 여러분이 말하기를 배우고**

싶을 때 언제라도 문을 열 수 있도록 계속 노력하겠습니다. 감사합니다.

말하자면 메시지 전달에 있어 '피날레' 장식이 최종적인 만족도에 큰 영향을 준다는 것입니다. 좋은 여운을 남길 수 있다면 감동적인 분위기도 조성할 수 있고 기분을 고조시킬 수도 있습니다. 이야기가 끝난 후 듣는 사람이 어떤 상태이기를 기대하는지 스스로 생각해 보면 도움이 될 것입니다.

'이야기가 뭔가 애매하게 끝나 버린다'며 고민을 토로하는 사람들이 많습니다. '마무리'도 '첫머리'와 마찬가지로 다양한 연설과 프레젠테이션을 분석해 '6가지 형태'로 분류해 봤습니다. '①행동 및 가치 제안, ②인용, ③미래 예측 및 제시, ④이야기 정리, ⑤노력 선언, ⑥질문하기'입니다.

| 이야기의 마무리 '6가지 형태' |

① 행동 및 가치관 제안 : **"××합시다!", "꼭 ××해주세요."**

다음 행동을 명확히 제시하는 방법. 듣는 사람을 '내 편'으로 삼아 긍정적인 자세를 강화할 때 효과적이다. 일방적으로 '××해야 한다', '××하지 않으면 안 된다'는 식으로 '강요하는 표현'은 주의하자.

② 인용 : **"××는 'xxxx'라고 말했습니다. 'xxxx', 마음에 생기도록 합시다."**

다른 사람의 말을 인용하면 자신의 주장을 보강할 수 있다. 인용문은 속담이나 명언 등 듣는 사람에게 익숙한 것이 좋다. 인용문을 떠올릴 때마다 말하는 사람의 주장도 함께 연상되는 효과도 있다.

③ 미래 예측 및 제시 : **"만약 ××된다면 ××될 것입니다", "분명히 ××되겠지요."**

자신의 주장이 실현되면 어떤 '미래'가 펼쳐질지 상상하게 만들 수 있다. 다른 방법에 비해 감상적인 인상을 주기 쉽다. 비즈니스 상황이라면 '××가 도입되면 ××된다'는 식으로 미래에 대한 기대감을 제시할 수 있다.

④ 이야기 정리 : **"다시 말씀드리면, 오늘 저는 ××를 말씀드리려고 왔습니다."**

듣는 사람의 이해와 기억을 돕는 효과가 있다. 코어 메시지를 재강조할 수도 있다. 반면에 형식적이라는 느낌을 주면 효과가 반감되므로 임팩트를 줄 수 있는 다른 방법을 함께 사용하면 좋다.

⑤ 노력 선언 : **"저는 ××를 실현하기 위해 노력하겠습니다."**

진지함을 전할 수 있다. 자신의 결의 표명은 겸허함이나 한결같음의 강조로 이어진다. 말하는 사람을 응원하고 싶게 만드는 방법이다.

⑥ 질문하기 : **"마지막으로 묻고 싶습니다. ××에 대해 여러분은 어떻게 생각하십니까?"**

질문으로 끝내면 듣는 사람에게 생각할 거리를 남기는 효과가 있다. 단정적인 표현이 아니기 때문에 전체를 아우르며 '함께 정답을 찾아보자'라는 의미를 남길 수 있다. 상냥하고 정중하다는 인상으로도 이어진다.

이야기에 긍정적인 여운을 남기려면 이 6가지 형태를 적절하게 조합하는 것이 효과적입니다.

필자가 전국웅변대회에서 사용했던 원고를 인용해보겠습니다. 창업 에피소드를 이야기하면서 '도전을 긍정적으로 받아들이자'라는 코어 메시지를 호소했습니다. 다음은 코어 메시지 직후에 등장하는 마무리 부분입니다.

미래 예측 어른들이 도전에 긍정적이면 세상은 긍정적이고 따뜻한 말들로 넘칠 것이고, 그것이 이 사회를 아름답게 만들 것입니다. 이런 사회가 되면 여러분이 도전할 때도 주위 사람들은 응원과 격려를 아끼지 않을 것입니다. **행동 및 가치관 제안** 우리 모두를 위해 도전을 긍정적으로 생각해주세요. **노력 성원** 회사를 창업한 한 사람으로서, 이러한 고민들이 미래를 위한 원동력이 되도록 노력하겠습니다. 큰 뜻을 품어라, 라고 드높게 소리칠 수 있는 사회를 실현하기 위해 저는 여러분과 손을 맞잡고 앞으로 나아가고 싶습니다.

코어 메시지를 밝힌 후에 그것이 실현되면 어떤 미래가 펼쳐질지를 제시했고, 다시 행동 및 가치관 제안으로 연결시켜 한층 더 강조했습니다. 그리고 마지막에는 노력 선언을 통해 자신의 열정

을 표현했습니다.

2018년 BTS 리더인 RM이 뉴욕의 유엔본부에서 연설을 했습니다. BTS는 유니세프의 글로벌 서포터를 맡고 있으며, 어린이와 청소년에 대한 폭력 퇴치가 목표인 'LOVE MYSELF' 캠페인을 펼치고 있습니다. RM은 그 활동을 전파하는 일환으로, 진짜 자신을 찾자는 의미에서 '당신에 대한 이야기를 해달라'라는 코어 메시지를 유엔 본부 연설을 통해 호소했습니다. 마무리 부분에 '이야기 정리'와 '질문하기' 등을 활용해서 듣는 이에게 생각할 거리를 제공하여 깊은 여운을 남겼습니다.

> **이야기 정리** 저는 김남준이며 또한 BTS의 RM입니다. 아이돌이자 대한민국의 작은 마을에서 온 아티스트입니다. 다른 사람과 마찬가지로 인생에서 많은 실수를 저질렀습니다. 많은 실패와 두려움도 있었지만, 저 자신을 힘껏 끌어안고 조금씩 자신을 사랑할 수 있게 되었습니다. **행동 및 가치관 제안** 당신의 이름은 무엇입니까? **행동 및 가치관 제안** 당신 자신의 이야기를 들려주십시오.

먼저 이야기의 내용을 정성껏 정리하여 되돌아봄으로써 메시지의 설득력을 강조했고, 질문으로 상대에게 생각할 시간을 제공했습니다. 그리고 다시 메시지를 반복하여 행동 및 가치관 제안의 형태로 이야기 전체가 완결되는 구성입니다.

　이처럼 마무리로 이야기 전체의 분위기를 밝고 긍정적으로 만들 수 있습니다. 중요한 것은 여운입니다. 다양한 표현법으로 피날레를 장식할 수 있도록 궁리해봅시다. 이 6가지 형태를 몇 가지 조합해서 구성하면 말하는 이의 열정이 느껴지는 표현을 쉽게 만들 수 있으니 참고하길 바랍니다.

3

"

스토리

자신만의 '이야기'로 공감 받기

"

오바마를 대통령으로 만든 '스토리'의 힘

지금부터는 코어 메시지에 설득력을 갖추기 위한 '내용물 만들기'를 살펴보겠습니다. 먼저 설명할 내용은 '스토리'입니다. 즉 자신의 경험을 말하는 것입니다. 의욕이나 신념을 표현할 수 있는 스토리는 학생을 비롯한 직장인 등 직업과 관계없이 기회를 잡는 데 활용할 수 있는, 매우 중요한 말하기 스킬입니다.

제44대 미국 대통령 버락 오바마는 '연설로 인생을 바꾼 사람'으로 불립니다. 아직 그가 무명이던 2004년 민주당 전당대회. 대통령이 되기 5년 전의 연설에서 자신의 성장 과정을 연설에 녹여냈습니다.

제 아버지는 케냐의 작은 마을에서 태어나서 자란 유학생이었습니다. 소년 시절의 아버지는 염소를 돌보고 함석으로 된 지붕의 오두막 학교에 다녔습니다. (중략) 제 부모님은 상식을 뛰어넘는 사랑을 공유했을 뿐만 아니라 이 나라의 가능성에 대한 흔들림 없는 신뢰도 공유해 주셨습니다. 부모님은 저에게 아프리카의 이름을 붙였습니다. 버락이란 '축복받은 자'라는 뜻입니다. 부모님은 관용적인 미국에서는 어떤 이름이든 성공에 방해가 되지 않는다고 믿었습니다.

아프리카계 부모와 조부모를 둔 자신의 뿌리, '버락'이라는 퍼스트 네임에 담긴 뜻, 미국이라는 나라의 관용과 관대함 덕분에 삶을 영위할 수 있었다고 연결 짓고, 그것은 미국의 훌륭한 상징이라고 강조했습니다. 오바마는 이 연설로 일약 미국 전역에 이름을 알렸습니다.

단순히 "미국은 많은 가능성을 가진 곳이라고 생각합니다."라고 말했다면 어땠을까요? 그런 말은 미국의 정치인이라면 누구나 입버릇처럼 하는 말입니다. 오바마는 그 말에 자신의 인생을 겹쳐서 이야기했고, 같은 메시지였지만 그의 메시지는 듣는 이를 사로잡을 수 있는 힘을 비로소 갖게 되었습니다.

이러한 기법을 '스토리텔링'이라고 합니다. 스토리텔링이란 문자 그대로 자신의 이야기(경험)를 한다는 걸 의미합니다. 스탠퍼드 대학의 연구에 따르면 **사실만을 나열하는 것보다 스토리를 입혀서 전달하는 것이 22배나 더 기억에 남기 쉽다**고 합니다.

오바마의 연설은 미국이라는 거대한 나라의 미래에 관한 내용이었기 때문에 필연적으로 그의 삶 자체를 되돌아보는 장대한 스토리가 되었습니다. 물론 일상적인 대화라면 성장 과정의 모든 것을 담아서 말할 필요는 없습니다. 하지만 전하고 싶은 코어 메시지가 있다면 스스로를 드러낼 필요도 있습니다. 듣는 사람은 여러분이 말하는 코어 메시지에 어떤 '근거'가 있는지 궁금해합니다. 자신의 과거 행동이나 경험에 빗대어 말할 수 있다면 이야기의 설득력은 크게 상승합니다. 자신만이 할 수 있는 이야기란 과연 어떤 것일까요?

듣는 이를 사로잡고 공감을 이끌어내는 '스토리텔링'에 대해 살펴보겠습니다.

💬 스토리가 없는 사람은 없다

스토리텔링이 왜 중요한지 설명하면 여러 가지 반응이 나옵니다. 가장 대표적인 의견은 "저는 평범하게 살고 있어서 특별한 이야깃거리가 없다"라는 것입니다. 하지만 전혀 그렇지 않습니다. **스토리가 없는 사람은 없습니다.** 우리는 태어난 순간부터 다양한 희로애락을 느끼며 살아갑니다. 지금의 인격은 그러한 스토리 속에서 배우고 깨달아 쌓인 결과물입니다. 인생에서 기뻤던 일도 좋고, 괴로웠던 일도 좋습니다. 아무리 사소한 일이라도 상관없습니다. 그리고 '자신을 드러내는 것이 부끄럽'고 말하는 사람도 있는데 너무 안타깝습니다.

앞으로는 AI 기술의 발전이 점점 더 가속화되면서 지금보다 훨씬 더 많은 정보로 넘치는 시대가 될 것입니다. 이런 환경 속에서 '나다움'을 어필하지 않으면 다른 사람과 차별화할 수 없습니다. 듣는 사람은 흔하디흔한 '그럴싸하기만 한 정보'를 원하지 않습니다. 앞으로의 세상은 '개인의 체온이 느껴지는 정보'에 더 많은 가치를 둘 것입니다. 아무쪼록 부끄러움을 이겨내는 용기를 가집시다.

'스토리텔링'에 어려움을 느끼는 독자라면 먼저 자신의 인생 스토리를 정리해 봅시다. 다음쪽에 자신이 살아온 인생 속에 잠들어 있는 에피소드를 깨워서 나열하고, 거기서 깨달은 가치관이나 생각을 작성하는 표를 준비했습니다. 다른 사람이 어떻게 생각할지는 접어두고 우선 채워 넣어 봅시다. 편의상 초·중·고등으로 분류한 것뿐이니 각자의 상황에 맞게 항목을 늘리거나 바꿔도 상관없습니다. 작성해 보면 자신이 언제, 무엇을 배웠고 무엇을 깨달아 지금에 이르렀는지 한눈에 볼 수 있습니다.

자신의 인생을 스스로 되돌아보고 몸에 밴 가치관의 소중함을 되새기는 뜻깊은 계기가 될 것입니다. 또한 지금의 자신이 왜 이 일을 하고 있는지, 왜 열심히 공부해야 하는지 등 자아 성찰로도 이어져 자연스럽게 말에 생기가 띨 것입니다. 실제로 필자 주위에도 인생 스토리 정리를 통해 현실을 직시하고 최선을 다해야 하는 이유를 되찾아 긍정적이고 능동적인 삶을 살고 있는 지인도 많습니다.

어디서든 통하는 말하기 SKILL

● 인생 스토리 정리

	경험 ⟶	가치관
초등학교		
	⑩ ××시에서 태어남. 5학년 때부터 학원에 다녔고 명문 사립중학교에 입학함.	⑩ 경쟁을 통해 자신을 단련하자.
중학교		
	⑩ 명문 사립중학교의 높은 학력 수준에 놀람. 자사고 진학에 실패하고 자신을 잃음.	⑩ 맹목적인 노력은 좋은 결과로 이어지지 않는다.
고등학교		
	⑩ 웅변과 만남. 재미없는 동아리를 다닌다는 놀림 속에서도 전국대회 우승.	⑩ 주위의 시선에 신경 쓰지 않고 열중하는 것이 중요하다.
대학교, 전문학교 등		
	⑩ 대학 진학으로 상경. 아나운서가 목표였지만 방송국 입사 실패함.	⑩ 목표를 달성하려면 운도 필요하다.
사회인		
	⑩ DeNA 입사. 인사팀에서 임직원 교육을 담당함. 2019년 카에카 창업.	⑩ 포기하지 않으면 하고 싶은 일을 이룰 수 있다.

💬 '약점'이 최고의 '강점'으로 바뀐다

스토리를 이야기하는 데 있어서 신경 써야 할 부분이 있습니다. 아무리 자신의 경험이라도 그저 일어난 일만 나열해서는 사람들의 공감을 쉽게 이끌지 못하고 응원받지도 못한다는 것입니다. **진정한 의미에서 듣는 사람의 마음을 움직이려면 '자기 공개'가 필요합니다.** 자기 공개는 자신의 고민이나 약점 또는 강점 등을 있는 그대로 다른 사람에게 드러내는 것을 의미합니다. 특히 팀워크가 필요하거나 인간적인 매력을 어필할 때 중요한 요소입니다.

그중에서도 **'약점 공개'**는 듣는 사람의 공감과 응원을 이끌어 낼 수 있는 요소로 작용합니다. 과거의 실패나 실수, 말하기 어려운 부정적인 감정 등 공개하는 데 용기가 필요한 것이 '약점'입니다.

아이돌 출신 방송인 사시하라 리노는 이러한 약점 공개가 매우 능숙한 대표적인 인물 중 한 사람입니다. 2009년부터 2018년까지 이어온 일본 유명 걸그룹 AKB48의 '선발 총선거'는 매년 열리는 인기투표 이벤트입니다. 선발된 멤버는 단상에 올라 연설을 해야 하는데 그 내용은 팬뿐만 아니라 전 국민이 주목했습니다. 2015년 제7회 총선거에서 멋지게 1위로 복귀한 사시하라는 다음과 같이 말했습니다.

AKB에 들어와서 좀처럼 센터가 될 수 없었던 저는, 어떻게 하면 센터가 될 수 있을지 계속 고민했습니다. (중략) 아무리 고민해도 될 수 없었습니다. 저는 변하기로 했습니다. 어디 한번 끝까지가 보자! 이렇게 마음먹었죠. (중략) 올해는 이렇게 스스로에게 자신이 없던 사시하라가 1위를 차지했습니다. 전국에 계시는 자신감이 없는 여러분! 저처럼 괴롭힘을 당하고 집밖으로 나가지도 않고 부모님을 힘들게 한 여러분! 햇볕이 닿지 않는 곳에 계시는 여러분! 저는 다시 한번 1위를 차지했습니다.

반짝반짝 빛나는 순간만을 보여줘야 할 아이돌이라는 입장과는 대조적으로 지금까지 겪었던 고민과 역경 등 어쩌면 **자신에게 부정적인 이미지로 작용할 수 있는 요소를 공개했습니다.** 덕분에 많은 노력 끝에 최고가 되었다는 진정성이 청중에게 전해져 듣는 이의 마음을 움직이는 연설이 되었습니다.

이처럼 부정적인 경험을 용기 내어 공개하는 것은 자신이나 자신이 속한 조직을 응원하는 사람을 모을 때 매우 효과적인 기법입니다.

도요타 자동차의 사장이 목매어 외친 '약점'

'약점 공개'는 연예계뿐만 아니라 비즈니스계에서도 많이 사용됩니다. 도요타 아키오 전 도요타 자동차 사장은 이 기법에 능숙했습니다. 2020년, 코로나19 사태 중에 개최된 도요타의 주주 총회에서의 연설입니다. 그때까지 '판매량이나 수익이 최고가 아니라 더 좋은 자동차를 만들자'라며 업계 상식이나 회사의 전통과 다른 행보를 보인 것에 대해 눈물을 흘리며 자신의 약점을 공개했습니다.

돌이켜보면, 제가 해 온 결단은 시대의 조류에도 도요타의 보수적인 기풍에도 역행하는 것이 많았다고 생각합니다. 회사 안에서 사장은 고독한 존재입니다. 특히 저는 취임 초부터 환영받은 사장이 아니었기 때문에 여러 가지 의미에서 '고독'을 느끼는 경우가 많았습니다. 그런 제가 큰 흐름을 거스르면서까지 어떻게든 앞으로 나아갈 수 있었던 것은 주주 여러분 덕분입니다. (중략) 마지막으로 여러분께 전해드리고 싶은 말씀이 있습니다. 안심하십시오. 도요타는 괜찮습니다. 리먼 쇼크 때와 지금의 우리는 다릅니다.

도요타 사장은 '자신은 환영받은 사장이 아니었다'라는 적나라한 표현을 사용했습니다. 주주 총회라는 자리를 생각하면 자신의 실수나 실패 등 부정적인 이야기는 오히려 역효과라고 생각하는 사람이 많을 것입니다. 사장은 사업의 최종 책임자입니다. 주주들은 완벽한 리더를 원합니다. 그럼에도 자신의 실패나 실수를 언급함으로써 그동안의 노력에 대한 진정성을 강조하고 결과적으로 좋은 회사가 되었다, 라는 메시지에 인간미를 가미할 수 있었습니다. 만약에 도요타 사장이 '좋은 말'만 했다면 주주들은 '또 뻔한 이야기를 하는군.'하고 탐탁지 않게 생각했을지 모릅니다.

자신의 약점을 가감 없이 공개한 이야기를 듣고 있으면 '용기 내서 이야기해 주었구나. 각오가 느껴져!', '힘든 고난을 이겼구나. 역시 믿을만해!' 등과 같은 반응이 절로 생깁니다.

사람들은 대부분 남에게 자신을 잘 보이고 싶어 합니다. 대중이 대상인 연설에서는 더욱더 그런 마음이 강할 것입니다. 그래서 성공 스토리를 전면에 부각해 '강함'을 어필하기 십상입니다. 하지만 흔한 공적이나 자랑거리를 나열한다고 해서 공감이나 응원으로 이어지지는 않습니다. 당당한 리더에게는 상상할 수 없는 '한심함'이나 '처량함' 등 '스스로 말하기에 용기가 필요한 말'을 듣고 우리는 비로소 말하는 사람의 인격에 주목하고 공감과 응원을 보냅니다.

약점 공개가 효과적인 이유는 말하는 바로 자신만이 할 수 있는 이야기이기 때문입니다. 사회적인 평가나 공적 등의 강점은 수치

상의 실적이나 표창 등으로 정보가 공개됩니다. 그래서 듣는 사람에게는 이미 알려진 정보일 가능성이 높습니다. 본인 이외에는 알수 없는 내용인 약점이야말로 듣는 사람의 마음을 울릴 수 있는 이야기인 것입니다.

약점은 '결의'와 '성과'를 묶어서 말한다

다만 약점이라고 해서 그냥 말하는 것만으로는 기대하는 효과를 얻을 수 없습니다. 약점 공개와 더불어 긍정적인 결과를 함께 이야기하는 것이 중요합니다.

사시하라의 사례
약점 센터가 되지 못한 스스로에게 자신이 없었다.
결의 변하기로 마음먹었다.
성과 1등이 되었다.

도요타의 사례
약점 시대 조류에도 회사의 본류에도 역행해 환영받지 못했다.
결의 어떻게든 앞으로 나아갔다.
성과 안심할 수 있는 도요타가 되었다.

자기 공개의 중요성을 말하자면 자신의 약점만 이야기하고 말을 끝내버려 전체적으로 어두운 톤으로 분위기가 마무리되는 경우가 흔합니다. 이야기하는 이유가 소정의 목적을 달성하기 위해서라면 자신(또는 팀)이 약점을 극복하고 이룬 성과를 꼭 함께 이야기해야 합니다. 그래야 비로소 약점을 공개한 의미가 있으며 듣는 이의 마음을 사로잡는 이야기가 됩니다.

'약점 공개'가 몸에 익으면 실패담이나 실수담도 '이야깃거리'가 됩니다. 저는 직원들로부터 '힘들었던 경험이라면 뭐든 이야기 소재로 삼는다'는 말을 자주 듣습니다. 그만큼 자신만의 약점은 오히려 귀중한 자산으로 활용할 수 있다는 점을 명심해 주길 바랍니다.

💬 '강점'은 '운'과 '감사'를 세트로 말한다

자기 공개에는 '강점 공개'도 있습니다. '강점'은 빛나는 경력, 자랑거리, 최대의 어필 포인트 등을 말합니다. 이 또한 목적 달성을 위해 중요한 요소로 작용합니다. 자신이 누구인지를 어필하기 힘들어하는 사람을 쉽게 찾아볼 수 있습니다. 또 자신의 강점을 지나치게 직설적으로 이야기해서 과거의 경력에 멈춰 산다는 인상을 주는 사람도 있어 매우 안타깝습니다. 저는 자기소개를 할 때 '전국

웅변대회 3회 우승'에 대한 이야기를 언급합니다. 하지만 스스로 밝히기는 쑥스럽기도 하고 자칫하면 자기 자랑에 그칠 수도 있어 조심스럽습니다. 그래서 '강점'을 말할 때는 밸런스를 의식합니다. 가장 간단한 방법은 앞에서 설명한 '약점'과 세트로 이야기하는 것입니다. 다음과 같은 식으로 말합니다.

학생 때는 `약점` 공부도 잘 못했고 하고 싶은 것도 특별히 없어서 정말 고민이 많았는데, `강점` 웅변을 접하면서 제 인생이 크게 바뀌었습니다.

이렇게 이야기하면 '이 사람은 단순히 잘난 체하려는 것이 아니라 고생 끝에 이룬 성과를 말하려는 거구나.'하고 생각합니다.

그 밖에도 '운'이나 '감사'에 초점을 맞춰 이야기하는 방법도 효과적입니다. 자신만의 공적이 아니라는 전제를 어필하는 것입니다.

`강점` 웅변대회 전국 우승은 제 능력이 탁월해서라기보다는 `운` 보통 쉽게 접하기 힘든 '말하기 학습'을 배울 기회가 제게는 있었다는 겁니다. 대단한 것처럼 보이지만 사실 대회에 출전하는 인원수 자체가 그리 많지도 않습니다. 그래서 저는 `운` 그저 운이 좋았다고 생각합니다.

어디서든 통하는 말하기 SKILL

전국 우승은 '단지 운이 좋았을 뿐'이라고 말하면서 자신의 능력을 겸손하게 표현했습니다. 물론 우승을 목표로 나름대로 열심히 노력도 했습니다. 하지만 '말하기 학습'을 접할 수 있었던 것과 웅변대회의 넓지 않은 저변 등을 생각하면 '운이 좋았다'는 것 또한 사실입니다. 결코 거짓말이 아닙니다. 자랑처럼 들리지만 단순히 자신만의 능력치가 아니라는 입장을 언급하면 비록 자랑일지라도 듣는 사람은 그렇게 판단하지 않습니다.

💬 스튜디오가 술렁인 '강점 공개'

앞서 '약점 공개'를 설명하면서 소개한 사시하라는 팬이라는 '동료'의 존재를 강조하면서 자신의 강점을 훌륭하게 표현하기도 했습니다. 2016년 과거 어떤 멤버도 달성하지 못한 최다 세 번째 1위를 차지했을 때 사시하라의 연설을 소개하겠습니다.

쑥스러운 말이지만 한 가지 부탁이 있습니다. **강점** 이번 1위가 세 번째입니다. 아무쪼록 저를 1위로 인정해 주세요. 저는 스캔들로 구설수가 늘었고, 스캔들 벼락부자라고 생각해도 이상하지 않을 정도입니다.

(중략) **감사** 하지만 지금까지 1위를 차지한 멤버들과 마찬가지로 팬

들과의 유대감이 두텁다고 생각합니다. 그래서 저의 1위는 당연하지 않습니다. 저의 1위를 아무도 넘보지 못한다는 의미가 아닙니다. `감사` 저의 1위는 팬들 모두가 힘들게 노력해서 이뤄낸 것입니다. 감사합니다. 부디 저에게 '진심 어린 축하'를 부탁드립니다.

1위를 세 번 차지한 것을 본인 스스로 이야기하면서 그것을 인정해 주었으면 한다고 솔직한 심정을 말했습니다. 당시 모습은 TV로 생중계되었는데, '인정해 달라'는 말이 나온 순간 스튜디오가 술렁거리기 시작했습니다. 하지만 그것은 팬들의 '노력'에 의해 이루어진 것이라고 이야기를 이어갑니다. 인정받아 마땅한 압도적인 성과를 달성한 '나는 대단하다'를 '팬들 덕분이다'로 연결 지어 일체감을 만들어냈습니다. 강점 공개의 훌륭한 사례 중 하나입니다.

또 '운', '감사'에 더해 '미래'의 이야기도 강점과 세트를 이룰 수 있는 주제입니다. 관리자나 정치인은 자신이 이룬 성과를 어필해야 하는 상황에 자주 직면합니다. 그럴 때는 '××를 실현했습니다', '××를 달성했습니다'와 같이 성과만 이야기하기보다는 '앞으로 ××를 위해서 노력하겠습니다'와 같이 미래의 이야기도 함께 풀어내는 게 좋습니다. 이처럼 강점을 이야기할 때는 강점만 언급해서는 안 된다는 점을 반드시 기억하기 바랍니다.

어디서든 통하는 말하기 SKILL

필자의 사례

강점 전국 웅변대회에서 우승했다.

운 '말하기 학습'을 우연히 접하고 배웠다.

사시하라의 예

강점 총선거에서 1위를 세 번 차지했다.

감사 유대감이 두터운 팬들의 노력 덕분이다.

강점을 어필하면서 약점이나 감사 또 미래를 향한 노력을 함께 언급하면 이야기를 더욱 효과적으로 전달 할 수 있습니다.

💬 유명 작가에게 배운 '묘사'의 힘

대학교를 졸업하고 입사한 회사에서 필자는 웹소설 사이트를 기획하는 업무를 맡았습니다. 웹소설 사이트는 일반 유저가 웹소설을 투고하는 대규모 플랫폼으로 인기가 높은 작품은 출판사가 픽업해서 책으로 출판하거나 애니메이션화하기도 했습니다. 유저의 참여를 독려하는 기획을 주로 맡았는데, 그중 하나로 유명 작가가 지도하는 소설 창작 강의 프로젝터가 있었습니다. 그런데 당시 상사의 지시로 프로젝터 운영을 하면서 강의도 함께 들으며 소설 창작에 참여하게 되었습니다. 그때 사람을 끄는 힘은 상세한 '묘사'에서 비롯된다는 귀중한 경험을 하였습니다.

- "풍경을 좀 더 상세히 묘사해 주세요."
- "무엇이 보이는지, 무슨 느낌이 드는지에 대한 묘사가 부족합니다."

강의를 들으면서 '인간의 갈등이나 고통, 추악한 부분까지 속속들이 묘사해야 공감과 응원을 얻을 수 있다'는 지적을 끊임없이 받았습니다. 실제로 소설을 써 보면서 그리고 소설가라는 전문 '이야기꾼'의 피드백을 받으면서 '묘사력'의 중요성을 깊이 실감했습니다. 이 경험을 바탕으로 '말하기'라는 관점에서 스토리텔링의 '묘사'를 '시간축', '오감', '감정'으로 나누어 정리할 수 있습니다.

💬함께한 '시간'의 농밀함이 잘 묘사된 추모사

순서대로 설명하겠습니다.

첫 번째는 '시간축'입니다.

말할 때 어느 한순간만 이야기하면 스토리가 평범해지고 맙니다. 이야기에 몇 개의 시간축을 설정해서 스토리를 시계열로 배열하고 장면 변화를 주면 에피소드에 볼륨감이 생겨 보다 명확하게 전달됩니다. 어느 정치인의 다음 추모사에는 시간축의 변화를 잘 활용한 부분이 있습니다.

(과거에 지병으로 현직에서 물러난 일을) 빚으로 생각하셨는지 두 번째 선거 출마를 꽤나 망설이고 계셨습니다. 마지막에는 둘이서 닭꼬치집에 갔는데 제가 열심히 설득했습니다. 그것이 사명이라고 생각했기 때문입니다. 그리고 3시간 뒤에서야 고개를 끄덕여 주셨습니다.

만약 이것을 '선거에 출마해 달라고 저는 열심히 설득했고 승낙을 받았습니다.'와 같이 **하나의 시간축으로** 말하면 '**스토리**'가 아니라 일종의 '**경험 공개**'에 지나지 않습니다.

- '두 번째 선거 출마를 꽤나 망설이고 계셨습니다.'
- '마지막에는 둘이서 닭꼬치집에 갔는데 제가 열심히 설득했습니다.'
- '3시간 뒤에서야 고개를 끄덕여 주셨습니다.'

이와 같이 3개의 시간축으로 구성해서 자신의 각오와 선거 출마에 대한 결의와 무게를 강조했습니다. 그리고 무엇보다 두 사람이 보낸 '시간'의 농밀함을 명확히 드러냈습니다.

시간축을 몇 개 넣을지는 상황에 따라 다릅니다. 3개의 시간축은 의식만 한다면 구성하기가 그다지 어렵지 않습니다. 이야기하고 싶은 경험의 이전과 중간 그리고 이후라는 형식을 취하면 알기 쉬우므로 누구라도 쉽게 활용할 수 있습니다.

시간축은 말하고 싶은 내용에 맞추어 수를 늘릴 수도 있고 줄일 수도 있으며, 몇 시간 정도의 간격으로 구분할 수도 있고 며칠 또는 몇 년의 공백을 두고 설정할 수도 있습니다. 또한 간격이 반드시 같을 필요도 없습니다. 가령 1주일 전, 당일, 3일 후도 괜찮고 10년 전, 당일, 1시간 후의 간격도 문제없습니다.

코어 메시지를 고려하여 사건의 흐름이 잘 파악되도록 적절한 에피소드를 시간축에 맞추어 알맞게 설정해 봅시다.

💬 '오감' 묘사로 이야기에 깊이를 더한다

'오감' 묘사도 중요한 요소입니다. 시각, 청각, 후각, 촉각, 미각을 지칭하는 오감을 이야기 속에 능숙하게 녹여 넣을 수 있다면 듣

어디서든 통하는 말하기 SKILL

는 이의 상상력을 효과적으로 도와 집중력을 높일 수 있습니다. 앞에서 어느 정치인의 추모사를 소개했는데 다음에는 다른 사람의 예를 들어 설명하겠습니다.

단둘이 앉아 있는 대기실은 그야말로 고요했고 어색한 침묵으로 가득 찼습니다. 그 답답한 분위기를 먼저 깨려던 쪽은 고인이었습니다. 제 옆으로 다가와서는 '수고하셨습니다.'라며 밝은 목소리로 말을 걸어 주셨죠.

이 추모사에는 '그야말로 고요했다'라는 청각적으로 느껴지는 분위기와 '다가온다'라는 시각 정보가 포함되어 있습니다. 이와 같은 **오감 묘사는 듣는 이는 경험하지 못한 당시의 현장 모습을 생생하게 상상할 수 있게 해 줍니다.**

지금까지 개인적인 경험에 따르면 사람들은 비교적 시각과 청각 표현에는 큰 어려움을 느끼지 않습니다. '**시각**'은 경험한 장소의 정경, 함께 있던 사람의 표정, 몸짓 등 '눈에 보이는 정보'입니다. '**청각**'은 즉석에서 주고받은 대화, 대화 상대의 목소리, 흘러나오던 음악 등이 포함됩니다.

다음으로 다루기 쉬운 것은 '**촉각**'입니다. 입고 있던 옷의 재질,

물건의 무게 등이 이에 해당합니다. '촉각'은 말하는 사람의 감정을 암시하는 묘사도 가능해서 효과적으로 활용할 수 있습니다. 흔히 소설 속 표현에서 자주 발견할 수 있는데, 예를 들어 '손에 쥔 300 페이지의 참고서가 평소보다 무겁게 느껴졌다.'라는 표현은 말하는 사람이 부정적인 상황에 처했음을 알 수 있습니다. 또 '천천히 강아지를 만졌다'라는 표현은 강아지를 조심스럽게 대하는 마음이 나타나 있습니다.

반면에 **'후각'**과 **'미각'** 표현은 다소 어려울 수 있습니다. 언급할 경험이 특별히 없다면 무리해서 묘사할 필요는 없지만, 만약 기억하는 냄새나 맛이 있다면 스토리를 부각하는 중요한 요소가 될 것입니다. '후각'은 공장의 접착제 냄새, 피트니스센터의 땀 냄새 등 장소의 분위기를 전달할 수 있습니다. 김이 모락모락 나는 군고구마의 달콤한 냄새도 있을 수 있습니다. 음식이 관련된 상황을 이야기할 때 효과적으로 사용할 수 있을 것입니다.

'미각'은 음식의 맛은 물론이고 마시는 행위나 입안의 상태 등도 표현할 수 있습니다. '껌을 질겅질겅 씹었다', '침을 꿀꺽하고 한 번에 삼켰다' 등은 긴장감 넘치는 장면을 떠올리게 합니다. '야근 중에 먹은 컵라면의 짭짤한 맛에 온몸이 노곤하게 풀렸다'라고 표현하면 노력 중이거나 절박한 상황임이 전해 옵니다.

한편으로 '오감' 묘사는 감성을 자극하는 연설이나 프레젠테이션에만 도움이 된다고 생각하기 쉽습니다. 하지만 그렇지 않습니다. 정경을 사실적으로 묘사해서 듣는 사람의 마음을 움직일 수 있다면 비즈니스 상황에서도 매우 긍정적인 효과를 거둘 수 있습니다.

부동산 영업과 관련된 비즈니스 상황을 예로 들어 보겠습니다.

☺ GOOD

근처 공원은 주말이면 **시각** **가족들로 넘쳐나고** 아이들은 안전한 놀이터에서 신나게 뛰어놀며 **청각** **왁자지껄** 떠듭니다. 날씨가 좋은 날, **후각** **잔디 향기**에 파묻혀 한가로이 지내다 보면 **촉각** **기분 좋은 바람이 뺨으로 불어와** 아주 편안한 휴식을 취할 수 있습니다. 그래서 이 물건을 적극 추천합니다.

이처럼 오감 묘사는 단순히 '적극 추천'이라고 말하는 것보다 훨씬 더 호기심을 자극할 수 있습니다.

💬 순수해서 강력한 감정의 힘

다음에 설명할 내용은 '감정' 묘사입니다. 기쁘다, 슬프다, 화났다, 놀랐다 등 솔직한 마음을 언어화하면 말하는 사람의 기분이 직접 전달되어 이야기에 진심이 담기는 효과가 있습니다. 자신의 생각과 감정을 직접 말하는 것은 스토리를 구성할 때 아주 중요한 요소입니다.

평소 딱딱한 대화가 익숙한 사람은 감정 표현은 필요 없다고 생각할지도 모릅니다. 이야기하면서 감정을 드러낸 적이 없는 사람도 있을 것입니다. 하지만 **목소리라는 형태로 듣게 되는 감정 표현은 매우 알기 쉽게 전달됩니다.** '기쁘다'라는 말의 울림은 순간적으로 분위기를 밝게 해 줍니다. 또 '분하다'라고 말하면 말하는 사람의 용기와 진정성에 뭉클해집니다. 이러한 감정 표현은 문자로 보기보다는 소리로 듣는 편이 훨씬 더 실감 납니다. 또한 감정이 시간축의 변화에 따라 달라지면 이야기에 기승전결을 표현하기 쉬워집니다. 인물의 심리 상태가 바뀐다는 것 자체가 바로 스토리이기 때문입니다.

지금까지 설명한 '시간축', '오감', '감정'의 묘사를 실천하고 익힐 수 있도록 다음의 표로 정리했습니다. 세로축에는 오감과 감정을 기록하는 6개의 빈칸이 있고, 가로축은 시간축입니다. 각각의 시간축에 따른 감정을 빈칸에 맞추어 언어화해 봅시다.

● 오감과 감정의 묘사 틀

	시간축1	시간축2	시간축3
일어난 일·상황	📖 이벤트 1주 전	📖 이벤트 당일	📖 이벤트 다음날
시각 정경, 사람의 표정이나 몸짓 등			
청각 주고받은 대화, 흐르는 음악 등			
후각 향기, 음식 냄새 등			
촉각 손에든 물건이나 입고 있는 옷의 촉감 등			
미각 음식 맛이나 입안의 느낌 등			
감정 희로애락이나 놀람, 분함 등			

4

"

팩트

'납득'을 낳는 '사실' 활용법

"

💬 듣는 사람을 '이해당사자'로 만드는 '사실 정보'

3장에서는 이야기의 내용에 해당하는 '스토리'에 대해 설명했습니다. 이번 장에서는 스토리와 짝을 이루는 '팩트'를 활용하는 방법을 설명하겠습니다.

'팩트'란 '사실 정보'입니다. 구체적인 기능이나 숫자 정보, 사회적 배경 등 자신의 경험이나 감상이 아닌 **누가 봐도 똑같은** 정보의 전반을 일컫습니다.

인간을 '사회적 동물'이라고 부르는 만큼 우리의 일상과 삶은 사회와 밀접하게 연결되어 있습니다. 그래서 우리가 실현하고 싶은 일이나 삶이 조직이나 사회를 개선하기 위한 행동을 하는 경우도 많습니다. 그런 의미에서 스토리만 열정적으로 이야기한다고 될 문제가 아닙니다. 스토리는 말하는 사람 자신이 지금까지 보고 들은 것의 결과물에 지나지 않습니다. 어쩌면 듣는 사람은 전혀 무관할 수도 있습니다. "개인적인 의견에 지나지 않아.", "세상을 모르는군." 등과 같이 생각하고 이야기를 받아들이지 않을 수도 있습니다. 그래서 '실현하고 싶은 일이 지금 사회에 왜 필요한지 어필'하거나 '사회에서 구체적으로 일어나는 현상을 바탕으로 제안의 필요성을 어필'하는 등 팩트를 자신의 편으로 삼아야 합니다. 그래야 듣는 사람도 자신이 이해 당사자에 포함된다고 판단하고 이야기에 집중하고 납득하게 됩니다. 또한 말하는 사람 자신이 이해 당사자가 아닌 주제를 이야기해야 할 때에도 사회적으로 관심이 높거나 세상이 주목하고 있다는 점을 강조하면 말에 힘이 실립니다.

이처럼 팩트를 어떻게 다루느냐에 따라, 이야기가 이해하기 쉽고 명쾌해지므로 더욱더 다수의 듣는 사람들을 사로잡을 수 있습니다.

💬 '자신'과 '사회'를 연관 지어 이야기하라

필자의 고객 중에는 기업 대표나 개인 사업자를 비롯해, 출마를 준비 중인 정치인도 많습니다. 이들은 사회적 요구에 발 빠르게 대처해야 하는 직업군입니다. 특히 전혀 다른 세계에서 살다가 치열한 정치 세계로 입문한 사람은 그만큼 열의와 각오가 넘칩니다. 하지만 유권자의 고민이나 실정을 이해하고 이야기하기에는 아직 서툴러서 '경험을 더 쌓아야 한다'며 만만하게 보기 일쑤입니다.

어떤 젊은 국회의원이 "큰 그림만 그려서는 현장의 일을 알 수 없다라고 지지자에게 지적받았다"라며 상담을 요청했습니다. 그래서 지금까지의 의정활동을 모두 살펴본 후에 그것을 토대로 사실 정보나 성과를 알기 쉽게 말하는 연습을 했습니다. 성과를 거둔 정책명과 내용은 물론이고 정책을 실행하기 전의 구체적인 수치, 기간별 변화 양상, 새로 생긴 제도, 혜택받은 인구수 등….

국회의원 본인에게는 당연한 정보일지 몰라도 '파악하고 있는 것'과 '이야기할 수 있는 것'은 별개의 문제입니다. 정책 구조나 실행 순서, 배경, 구체적인 성과 등은 관계자가 아닌 이상 잘 전달되지 않습니다. 사실 정보를 어떻게 가치 매길지, 어떤 순서로 어떤 숫자를 사용해야 알기 쉬운지 등을 함께 고민하면서 평소 사용하는 말을 다듬고 적절한 분량으로 말할 수 있을 때까지 연습을 거듭했습니다. 그 결과 지지자들의 반응이 크게 달라졌습니다. "자신의 생각을 조리 있게 이야기한다는 느낌이 들었어요.", "지역 사회와 국가를 위해 얼마나 노력하는지 느껴집니다. 멋있어요!" 등과 같은 반응이었다고 합니다.

숫자나 데이터, 과거에 있었던 사실을 바탕으로 이야기한 덕분에 '생각'이나 '하고 싶은 일'에 설득력이 생긴 것입니다. 또한 사실 정보를 근거로 삼으면 '단순히 자신만의 생각이 아니며 사회적으로 중요하고 반드시 해야 할 일'이라는 믿음이 생겨 말에 자신감이 붙어 신뢰로도 이어집니다.

스토리가 열의와 공감을 낳는다면 팩트는 신뢰와 납득을 낳는 셈입니다.

사회적 배경을 제시하면 말에 '힘'이 실린다

팩트에 해당하는 정보는 매우 다양한데 말하기에 있어 효과적인 포인트를 설명하겠습니다.

먼저 '사회상'입니다. 뉴스를 평소에 체크하는 습관은 목적성을 띤 이야기를 하는 데 있어 매우 중요한 소양입니다. 이야기할 때 사회적인 이슈와 접목해서 말하면 신뢰도가 향상되기 때문입니다. 그렇지만 수많은 분야에서 항상 새로운 사건이 일어나는 현대 사회에서 모든 분야를 망라해서 말한다는 것은 불가능합니다. 그래서 적절한 정보를 알고 있느냐, 그것을 적절한 타이밍에 전달할 수 있느냐가 관건입니다. 우선은 자신의 일과 관련된 뉴스나 자주 이야기하는 주제를 뒷받침하는 사회적 정보를 저장해 두도록 합시다.

가령 필자는 '말하기'나 '전달법', '교육'에 관한 뉴스에 민감하게 반응합니다. 그런 뉴스를 기억하고 있다가 이야기에 녹여내면 주장에 설득력을 높일 수 있습니다. "요즘은 국가도 개인의 재교육에 관심을 두는 시대이니만큼, 비즈니스맨이라면 자신의 말하기 습관에 문제가 없는지 살펴봐야 하지 않을까요?"라는 맥락으로 이야기하거나, "'어떻게 말하느냐에 따라 위기를 기회로 바꿀 수 있습니다. 그것이 바로 말하기 트레이닝이 필요한 이유입니다!"라는 주장을 펼칠 수 있습니다. 즉 자신의 이야기가 시대의 흐름에 따른 것임을 어필하는 것입니다.

자신의 직업이나 전문 분야와 관련된 사람과 대화할 때는 일정한 지식이 없으면 함께 이야기를 나눌 때 어려움이 있습니다. 그렇지 않은 사람과 대화할 때도 당연히 그 분야에 정통할 것이라고 기대합니다. 자신의 신뢰도를 높이고 이야기에 힘을 싣기 위해서는 '전문' 분야에 대해서만큼은 평소에 뉴스나 트렌드에 관심을 두는 것이 좋습니다. 주요 키워드로 검색만 해도 상당한 정보를 얻을 수 있으므로 우선은 자신이 가장 많이 이야기하는 주제부터 시작해 봅시다.

💬 '최신' 정보인지 '세심'하게 살펴라

사회적인 이슈를 다룰 때는 '신선도'에 주의해야 합니다. 예를 들면 과거 정보를 언급할 때 '여러분도 알고 계시듯이…', '기억에도 새로운…' 등과 같은 말로 이야기를 전개하면 '정보가 갱신되지 않았구나!', '새삼스럽게 언제 적 이야기를 하는 거야?'와 같은 반응을 초래할 위험이 있습니다. 최근 사례와 함께 소개하거나 다른 기자회견 관련 뉴스와 그룹화하는 등 신선도를 유지하는 방법을 강구할 필요가 있습니다.

물론 정보의 신선함과 사회적인 의의가 반드시 일치할 필요는 없습니다. 오래된 정보라고 해서 전혀 의미 없는 것도 아니고, 반대로 '계속 이어진다'는 측면에서 정보의 가치가 큰 경우도 있습니다. 신선도 유지 기간은 사건의 임팩트 정도에 따라 다릅니다. 지금까지 여러 번 말한 바와 같이 어디까지나 '듣는 사람이 어떻게 느끼는가'에 주안점을 두고 생각해야 합니다.

무의식적으로 자신과 사회를 연결 지어 이야기하는 사람이 있는가 하면 전혀 그렇지 못한 사람도 있습니다. 지금까지의 경험에 비추어보면 그 차이는 매우 큽니다. 자신의 이야기를 사회상과 연결 지어 말할 수 있다는 것은 세상의 트렌드나 유행을 이해하고 있다는 의미이기도 합니다. 시대의 흐름을 읽고 파악하는 능력은 장사를 하는 자영업자나 리더십 및 영업력이 요구되는 회사원이 갖춰야 할 필수 소양입니다.

어디서든 통하는 말하기 SKILL

💬 스스로에게 '질문'을 던져서 '숫자'를 찾자

말하기에 있어 또 다른 효과적인 팩트의 형태는 '숫자 정보'입니다. 비즈니스 상황에서는 흔히 '숫자를 근거로 이야기하라'라는 말을 자주 합니다. 숫자는 세계 공통의 지표이며 누가 들어도 같은 양을 상상할 수 있습니다. 숫자에 능숙하면 '정확한 이야기를 하고 있다'는 인식을 심어 줄 수도 있습니다.

자신과 관련된 일이나 조사한 정보를 명확하게 숫자로 표현할 수 있는 경우도 많지만, 그렇지 않은 경우라도 조금만 더 상상력을 발휘해서 숫자로 표현하면 설득력이 더욱 높아집니다.

☹ BAD

세계 최고 엘리트들은 '말하기'를 매우 중요하게 생각합니다. 예를 들어 오바마는 전속 스피치 라이터를 기용하기도 했습니다.

이것만으로도 나쁘지는 않지만 언제부터 전속 스피치 라이터를 기용했는지, 몇 명인지, 원고를 얼마나 수정했는지 등 스스로에게 질문을 던지며 정보에 구체성을 좀 더 가미하면 어떨까요? 그렇게 따져 보면 더 다양한 숫자 정보를 찾을 수 있습니다.

세계 최고 엘리트들은 '말하기'를 매우 중요하게 생각합니다. 예를 들어 오바마는 대통령 취임 전인 **2007년부터 스피치 라이터를 기용**하고 있었습니다. 재임 중이었던 **2011년 여름 시점에는 전속 스피치 라이터가 8명**이나 있었습니다. 연설에 따라서는 **15~20회 정도 원고를 수정**한 적도 있다고 합니다.

정보가 한결 더 구체적으로 바뀌었습니다. 오바마가 얼마나 '말하기'를 중시했는지를 스피치 라이터 기용 시기, 인원수, 원고 수정 횟수 등 구체적인 숫자를 엮어서 이야기하면 설득력을 한 단계 더 높일 수 있습니다.

또 여기에서는 '전속 스피치 라이터가 '8명이나' 있었습니다.'라고 표현해 숫자의 의외성을 강조했습니다. 보통 '전속 스피치 라이터'라고 하면 전문가 한 명을 상상할 것입니다. 이런 고정관념을 충분히 예상할 수 있으므로 '8명'이라는 구체적인 숫자를 '놀라운 정보'로써 제시하면 그만큼 말하기가 중요하다는 인상을 강조할 수 있습니다.

어디서든 통하는 말하기 SKILL

💬 숫자 정보는 '사실 심화'로 만들어 낼 수도 있다

검색으로만 찾을 수 없는 숫자 정보도 많습니다. 그럴 때는 자신의 경험이나 노력을 심화하는 과정을 거치다 보면 숫자로 표현할 수 있습니다. 예를 들면 입사 면접관으로 참석했던 적이 있었는데 '중학생 때부터 연설 동영상을 보는게 취미였고 지금도 계속 보고 있다'는 자기소개를 한 입사 지원자가 있었습니다. 필자는 그 말을 듣고 "지금까지 봐 온 연설이 몇 개나 되나요?"라고 물었고, 그는 연설을 본 기간, 대학 시절에 연구한 연설 수 등을 근거로 추산하여 적어도 1,000개는 넘는다고 답변했습니다. 그리고 지금은 직원이 된 그 입사지원자는 "중학생 때부터 1,000편 이상의 연설을 보면서 마음을 움직이게 하는 요소에 대해 계속 생각하고 있다"며 자신이 겪은 사실 정보에 숫자 정보를 더해 한층 더 설득력을 높여 말할 수 있게 되었습니다.

이는 취직이나 이직 활동을 할 때의 자기 PR과 비슷합니다. 자신의 경험을 얼마나 구체적으로 이야기할 수 있느냐가 관건입니다. 누구나가 자신의 노력을 숫자가 풀어내서 말할 수 있는 것은 아닙니다. 질문으로 자신의 경험이나 노력을 심화하는 과정을 통해 얻은 숫자를 활용하면 누구라도 설득력 있는 이야기를 할 수 있습니다. 이처럼 사실을 심화하는 '질문'은 숫자 정보의 위력을 증폭시킬 수 있습니다.

필자는 숫자 정보를 '과거 실적', '사회 배경', '미래 선언'의 세 가지 유형으로 분류해서 사용합니다. 자신이 평소에 어떤 유형의 숫자를 많이 사용하는지 알면 새로운 사용법을 깨달을 수 있습니다. 실제로 다른 사람의 이야기를 듣다 보면 이 세 가지 중에 어떤 숫자를 활용하느냐에 따라 인상이 달라지는 것을 실감할 수 있습니다.

<숫자가 많이 언급된 과거 실적 발표>

말하는 사람이나 해당 조직이 그동안 쌓아 올린 업적에 대한 자신감을 엿볼 수 있어 신뢰해도 되겠다는 안도감마저 생깁니다.

<사회 배경에 관한 숫자>

듣는 사람도 관련 있을 수 있어 자신의 일로 받아들이거나 유익한 정보라고 판단할 수 있는 요소로 작용해 듣는 사람에 대한 배려심이 느껴집니다.

<미래 선언>

사실 정보와 다소 결이 다르지만 '사실 정보를 바탕으로 산출한다'는 점에서 숫자의 효과를 낼 수 있습니다.

구체적인 숫자 제시는 '반드시 완수한다'라는 의지의 표현으로도 이어져 말하는 사람의 열의를 어필할 수 있습니다. '숫자 정보'는 현실을 반영하고 싶은지 아니면 이야기에 임팩트를 주고 싶은지 등 그 사용법에 따라 듣는 사람에게 주는 인상이 매우 다양합니다.

💬 '구체성'과 '추상성'을 구분하고 조합하기

숫자 사용의 장점은 '구체성 향상'입니다. 말은 정보 전달이 완벽하지 않게 이루어지는 경우가 매우 많은데, 내용이 구체적일수록 말하는 사람과 듣는 사람의 생각이 일치할 가능성이 높습니다. 바로 구체적인 이야기의 장점입니다. 다만 모든 내용을 구체적으로 이야기하면 정보가 지나치게 많아지는 위험 부담이 생깁니다.

상황에 따라서는 오히려 추상적인 표현이 의미 전달에 용이한 경우도 있습니다. 추상적일수록 듣는 사람의 해석에 일임할 수 있어 오히려 듣는 사람 스스로가 자기화하기 쉽다는 장점도 있습니다. 이처럼 이야기할 때 말의 구체성과 추상성의 효과를 구분하거나 조합할 수 있다면 전달력을 높이는 데 크게 도움이 될 것입니다.

💬 자료의 글씨만 읽고 프레젠테이션 종료?
···

영업 사원이 자료에 적혀 있는 글을 한 자 한 자 읽으며 프레젠테이션을 하거나 학회나 채용 설명회 등에서 발표자가 슬라이드에 적힌 글만 읽고 있습니다. 발표자는 위에서부터 순서대로 읽는 데만 열중하느라 듣는 사람의 표정을 깨닫지 못하고 정해진 시간도 크게 초과하여 서로의 시간을 낭비합니다.

한 번쯤 이런 상황을 경험해 보셨을 것입니다. 이런 식으로 자료를 이용한 설명이나 슬라이드를 사용하는 프레젠테이션을 할 때 아무 생각 없이 작성된 글만 줄줄 읽는 사람이 의외로 많습니다. 아마도 여러 명이 검토한 자료라서 적혀 있는 정보는 올바른 것, 팩트일 것입니다. 하지만 '말하기'라는 행위에서는 정보를 취사선택하지 않으면 사실 나열에 불과해 요점 전달이 쉽지 않습니다. 문장으로 볼 때 알기 쉬운 것과 말로 들을 때 알기 쉬운 것은 다릅니다. 미리 작성한 문장을 그대로 읽고 발표를 마치는 것은 듣는 사람에 대한 배려가 없는 행동입니다.

팩트를 다룰 때는 코어 메시지와의 연관성을 고려해 어디를 생략하고 어디를 강조할 것인가 등의 선택이 중요합니다. 코어 메시지와 직접적으로 연관성이 높은 부분은 남기고 없어도 전체 흐름상 문제가 없는 부분은 적극적으로 생략하기를 추천합니다.

예를 들어 다음과 같은 정부 시책 발표가 있다고 합시다.

😟 BAD

단계별 육아와 관련된 경제적 지원 강화의 일환으로 학교 급식비의 무상화를 검토하겠습니다. ××시의 2024년도 학교 급식비는 1인당 월간 48,400원, 연간 58만 800원입니다. 2024년도 현재, ××시립 초중학교의 총인원은 6,421명으로 추산되며 급식비 무상화를 위해 연간 약 37억 원이 필요합니다. 현재 지방공기업 지원을 위한 예비비는 연간 약 40억 원이며 그와 비슷한 예산으로 학교 급식비 무상화를 실현할 수 있습니다. 중앙정부도 '어린이·육아 정책의 강화에 대해(안)'에서 학교 급식비의 무상화를 목표로 급식 보급률 및 보호자 부담 경감책 등의 실태 및 문제점 파악에 힘을 쏟고 있습니다. 이러한 동향을 근거로 학교 급식비의 무상화를 적극적으로 검토하고자 합니다.

구체적인 숫자나 시책명이 사실 정보로 잘 표현되어 있지만, 듣는 이는 모든 정보를 기억하거나 이해할 수 없기 때문에 이야기를 따라가기 힘듭니다. 여기서 코어 메시지는 '학교 급식비 무상화 실현'입니다. 그것을 전달하기 위해 필수적인 팩트만 남기면 다음과 같습니다.

학교 급식비의 무상화를 검토하겠습니다. 현재의 학생 수로 추산하면 무상화에는 연간 약 37억 원이 필요합니다. 재원을 확보하면 학교 급식비의 무상화를 실현할 수 있습니다. 중앙정부도 현재, 학교 급식비의 무상화를 목표로 문제점을 파악하는 데 힘을 쏟고 있습니다. 이러한 동향을 근거로 학교 급식비 무상화를 적극적으로 검토하고자 합니다.

연간 얼마가 필요한지에 대한 숫자만 남기고 구체적인 근거 내역은 삭제했습니다. 또, 중앙 정부의 시책안의 정식 명칭까지는 필요 없으므로 '중앙 정부도 힘을 쏟고 있다'는 정도만 언급하였습니다. 이처럼 팩트라고 해도 코어 메시지와 연관성이 적은 내용은 기본적으로 생략해도 상관없습니다. 상황에 맞게 필요한 정보를 적절하게 추출하고 배열하는 습관을 길러 쉽게 이해할 수 있는 이야기를 하도록 노력합시다.

팩트라는 이유로 무조건 활용해야 좋다는 법은 없습니다. 오히려 팩트이기 때문에 목적에 필요한지, 듣는 사람이 이해하기 쉬운지 등을 잘 판단해서 활용하는 것이 중요합니다.

어디서든 통하는 말하기 SKILL

'스토리'와 '팩트'를 조합해서
'자신의 의견'을 만들자

💬 스토리 × 팩트 = '그렇구나!'

3장에서는 '스토리', 4장에서는 '팩트'의 중요성을 이야기했습니다. 스토리는 '자신에 근거한 내부 정보', 팩트는 '사실에 근거한 외부 정보'를 가리킵니다.

- 스토리 : 내부 정보, 자신이 말하는 정보, 주관적
  ➡ 이야기에 열정을 불어넣음.
- 팩트 : 외부 정보, 누가 봐도 동일한 정보, 객관적
  ➡ 이야기를 알기 쉽게 함.

두 가지 요소의 중요성을 충분히 이해했을 것이라고 생각합니다. 하지만 각 장에서도 언급했듯이 스토리만 또는 팩트만 가지고 사람을 설득할 수 있는가 하면 그렇지 않습니다.

이야기의 설득력을 높여 듣는 사람을 '그렇구나!'하고 '납득'시키려면 공감과 열의를 어필하는 스토리, 신뢰와 납득을 뒷받침하는 팩트

를 조합해서 이야기하는 능력이 중요합니다. '스토리'와 '팩트'를 조합하여 상황에 따라 그 비율을 조정하면 효과적인 전달이 가능할 것입니다.

예를 들어, 애플의 에어팟 프로에 대한 프레젠테이션을 진행한다고 합시다. 스토리만으로 원고를 만들면 이렇게 됩니다.

애플의 에어팟 프로를 추천합니다. 저는 평소 카페에서 일하는 경우가 많은데 집중이 잘 안될 때가 있습니다. 옆자리에서 들려오는 흥미로운 이야기에 귀를 기울이기도 합니다. 그렇다고 사람들의 말소리가 들리지 않도록 음악을 크게 틀면 집중력이 흐트러집니다. 그럴 때는 에어팟 프로의 버튼을 살짝 누르기만 하면 외부 소리가 차단되어 마치 자신이 다른 세계로 간 것처럼 고요해집니다. 덕분에 집중할 수 있습니다.

주요 내용은 다음과 같습니다.

- 카페에서 일할 때가 많은데 집중이 잘 안된다.
- 옆자리에서 들려오는 이야기에 귀를 기울이고 만다.
- 사람들의 말소리가 들리지 않도록 음악을 크게 틀면 집중력이 흐트러진다.

- 자신이 다른 세계로 간 것 같은 느낌이 든다.

노이즈 캔슬링 기능의 품질을 어필하기 위해 그 근거로 말하는 사람 자신의 습관과 내적 갈등 및 감각 묘사를 활용하여 원고를 작성했습니다.

반면에 팩트만 활용하면 어떻게 될까요? 인터넷 검색을 통해 사실로 확인된 내용, 애플 에어팟 프로의 설명서에 나온 숫자나 기능을 기초로 요약하면 다음과 같습니다.

- 시리즈 전체의 출하 대수는 연간 9,000만 대에 이른다.
- 노이즈 캔슬링 소프트웨어는 1초에 4만 8,000회 음성신호를 조정한다.
- 외부 방향의 마이크가 외부 소리와 노이즈를 감지하여 백그라운드 노이즈를 제거한다.

이러한 정보만으로 프레젠테이션 원고를 만든다면 다음과 같습니다.

애플의 에어팟 프로를 추천합니다. 노이즈 차단 기능이 뛰어나기 때문입니다. 외부 방향의 마이크가 외부의 소리 및 노이즈를 감지하여 백그라운드 노이즈를 제거합니다. 노이즈 캔슬링 소프트웨어가 무려 1초에 4만 8,000회나 음성 신호를 조정합니다. 판매 호조로 시리즈 전체의 재작년 출하 대수는 9,000만 대에 달하는 것으로 알려졌습니다.

전체적으로 객관적인 내용이 주를 이루고 있어 강한 신뢰감을 줍니다.

그럼 스토리와 팩트를 조합해 보겠습니다.

애플의 에어팟 프로를 추천합니다. (팩트) 전 세계적으로 높은 판매율을 자랑하는 제품으로 재작년의 출하 대수는 9,000만 대에 달했습니다. 노이즈 캔슬링 기능의 품질은 매우 뛰어납니다. (스토리) 저는 평소 카페에서 일하는 경우가 많은데 집중이 잘 안될 때가 있습니다. 옆자리에서 들려오는 흥미로운 이야기에 귀를 기울이기도 합니다. 그렇다고 사람들의 말소리가 들리지 않도록 음악을 크게 틀면 집중력이 흐트러집니다. 그럴 때는 에어팟 프로의 버튼을 살짝 누르기만 하면 외부 소리가 차단되어 마치 자신이 다른 세계로 간 것처럼 고요해 집니다. 덕분에 집중할 수 있습니다. (팩트) 사실 에어팟 프로의 본체 외부에는 마이크가 달려 있습니다. 이 마이크가 외부의 소리 및 노이즈를 감지하여 백그라운드 노이즈를 제거합니다. 본체의 노이즈 캔슬링 소프트웨어가 1초에 4만 8000번이나 음성신호를 조정할 수 있

어디서든 통하는 말하기 SKILL

어서 외부 소리를 차단할 수 있는 것입니다. **여러분도 첨단 기술이 실현한 노이즈 캔슬링 기능으로 집중력을 높여 보기 바랍니다.**

객관성을 갖춘 정보와 인간미가 느껴지는 정보로 제품의 매력을 어필했더니 단번에 설득력이 향상되었습니다.

💬 듣는 사람에 맞게 균형을 맞춰라

그렇다면 스토리와 팩트를 반반씩 조합하기만 하면 될까요? 사실은 그렇지 않습니다. 비율에 절대적인 정답은 없지만 상황에 따라 조정하는 것이 중요합니다. 보통 필자는 회사의 대표라는 입장에서 이야기하지만, 상황에 따라서는 정보를 사용하는 방법을 달리합니다.

예를 들어 기업체 출강은 관리직이나 영업직에게 말하기의 중요성이나 스킬에 대한 강연 의뢰가 많습니다. 그런데 간혹 의뢰 기업의 총무부나 인사부의 이야기를 들어보면 '직원들에게 항상 배우는 마음가짐을 심어 주기를 바란다'와 같은 기대감을 비추는 경우도 적지 않습니다. 그 기대에 부응하려면 단지 스킬이나 방법론만 설명해서는 부족합니다. '왜 내가 이 일을 시작했는지', '일에서 어려운 점은 무엇인지', '지금의 가치관을 가지게 된 계기는 무엇인지' 등과 같은 내용이 중심인 원고가 필요합니다. 그리고 이러한 내용을 바탕으로 실천적인 방법론까지 설명합니다.

'저는 말하기를 공부하면서 인생을 개척할 수 있었습니다' 등 자신의 스토리를 어필하면, 더욱 강한 동기부여가 가능하고 배움의 중요성도 더욱 의미 있게 전달됩니다. 이런 식으로 강연하면 피드백 앙케트에 '감동적이었다'라고 하는 사람도 많습니다.

또 외부 투자자에게 투자를 의뢰하는 경우를 예로 들면 투자자는 논리적인 사고를 중시하는 직종입니다. 그들이 알고 싶은 것은 '사업을 통해 이룬 성과'나 '숫자로 확인 가능한 사업의 비전'입니다. 그래서 사업의 미션이나 비전뿐만이 아니라 회원수 및 속성 통계, 시장의 크기, 포지션 매핑, 회원 수 증감 추이 등을 추출해 자료화했고, 이와 같은 수치 데이터를 비롯해 외부 정보에서 취합한 팩트를 중심으로 작성한 원고로 프레젠테이션을 실시했습니다.

결과적으로 자금 조달에 성공했습니다. 사업에 관한 내 생각을 어필하는 것만으로는 투자자를 납득시킬 수 없습니다. 투자자의 뇌리에 박히는 팩트의 비중을 늘려 사업의 매력을 강조하는 게 그들을 설득할 수 있는 중요한 요인입니다.

💬 우선은 자신의 성향을 알자

스토리와 팩트를 전략적으로 조합할 때, 먼저 자기 자신이 스토리를 중시하는 타입인지 아니면 팩트를 중시하는 타입인지를 이해하는 것이 중요합니다.

예로 들면, 비전 제시가 강점인 경영자나 정치가·관리직, 접객업, 엔터테인먼트업계, 연예인 등 감각적인 공유를 중요시하는 분류는 기본적으로 스토리 중심으로 이야기합니다. 두뇌 회전이 빠른 경영자나 정치가·관리직, 컨설턴트, 엔지니어, 투자가 등 평소에 논리적인 사고를 중시하는 일에 종사하는 부류는 팩트 중심의 이야기를 선호합니다.

자신이 어떤 이야기를 할 때보다 자연스럽고 편안한지 알면, 평소에 무의식적으로 이야기할 때 어떻게 들리는지 객관화할 수 있습니다. 그리고 스토리를 중요하게 생각하는 사람에게는 팩트를 넣어서 이야기해 보기를 추천하고, 팩트를 중요하게 생각하는 사람에게는 스토리를 이야기하는 것을 시도해 보기를 추천합니다. 여러분 자신이 어느 한쪽을 더 중요하게 생각하듯이 다른 사람도 각각 어느 한쪽을 더 중요하게 생각할 가능성이 높습니다.

양쪽 모두 자유자재로 말할 수 있으면 듣는 사람에 맞추어 정보를 취사선택하여 지금보다 더 많은 사람에게 여러분의 이야기를 전달할 수 있을 것입니다.

한 가지 덧붙여 말하자면 상대를 봐 가며 이야기를 왜곡하라는 의미가 아닙니다. 어디까지나 자신을 얼마나 유연하게 보여 줄 수 있는지 연습해야 한다는 것입니다. 상대에 맞게 이야기할 수 있는 능력은 정말로 중요합니다. 그렇기 때문에 자신의 성향을 파악하는 것 또한 당연히 중요합니다.

앞서 언급한 에어팟 프로의 사례를 듣고 여러분은 '스토리'와 '팩트' 중 어느 쪽에 더 큰 구매욕을 느끼셨나요? 그 감각이 여러분의 성향을 알아내는 힌트가 될지도 모릅니다. 자신의 성향을 파악하고 부족한 부분을 습득해서 자유자재로 조합할 수 있으면 이야기를 전달하는 데 있어 강력한 무기가 될 것입니다.

💬 '존재의 의미'를 요구하는 시대
··

오늘날 AI의 출연으로 '자기 머리로 생각하라'라는 요구가 커지면서 특히 스토리와 팩트의 개념을 알고 조합하는 능력이 주목받고 있습니다. 왜냐하면 그것은 자신의 의견을 분명히 밝히는 '의견 제시' 능력과 직결되기 때문입니다. 여기서 말하는 '의견'이란 회사의 영업 실적을 보고 사업의 문제점을 파악해서 지적하기, 동아리에서 축제 이벤트를 기획하여 제안하기, 뉴스를 보고 높은 수준으로 코멘트하기 등 폭넓은 상황에서 경험할 수 있는 말하기 전반을 의미합니다.

이들 모든 상황에서 공통으로 중요한 점은 자신이 그 자리에 있는 의미, 즉 '존재의 의미'를 찾는 것입니다. 우리가 어떠한 목적을 가지고 행동할 때는 아직 보이지 않는 정답을 찾으며 앞으로 나아가야 합니다. 과거의 방대한 사례를 모아 최대공약수를 찾아내는 것은 AI의 특기이지만 정답이 없는 길에서는 인간의 '의견'이 필수적입니다. 새로운 프로젝트를 계획하고 추진할 때, 팀 내 인간관계를 유지할 때, 동아리에서 하나의 무언가를 이룰 때 등 집단 속에서는 무엇이 최선인지 서로 의견을 나누면서 진행하지 않으면 행동 자체가 성립되지 않습니다.

자신이 중시하는 생각과 논리, 감정 혹은 감각 등 '자신의 단면'을 복합적으로 제시할 수 있어야 듣는 이도 깨달음과 이해의 폭을 넓힐 수 있어 처한 상황을 진전시킬 수 있습니다. 의견 제시는 다양한 사람을 한 방향으로 이끄는 힘이 있으며 소속된 곳에서 스스로 자리 잡기 위해서도 반드시 갖춰야 할 능력입니다. 업계에서 전문가로 인정받으면 집필이나 해설자의 역할을 의뢰받는 일도 많습니다.

의견은 자신의 '입장'을 제시하는 것입니다. 의견이 있기 때문에 능동적으로 행동할 수 있습니다. 스토리와 팩트를 잘 조합하면 듣는 사람을 납득시키는 여러분만의 의견을 만들어 낼 수 있습니다.

어디서든 통하는 말하기 SKILL

"

미사여구

듣는 사람을 내 편으로 만드는 '사소한' 한마디

"

💬 '대화문'으로 n수를 늘려 설득력 향상하기

5장에서는 아름다운 말로 듣기 좋게 꾸민 글귀를 의미하는 '미사여구'에 대해 설명하겠습니다. 장시간의 연설이나 프레젠테이션은 물론이고 회의 시 발언이나 논의를 할 때도 사용하기 편리한 기법이므로 꼭 시도해 보기 바랍니다.

'말한다'라는 행위는 그 성질상 기본적으로 자신의 의사결정을 기반으로 자신의 시점에서 이루어집니다. 다루는 정보를 비롯한 스토리와 팩트의 균형감은 기본적으로 'n=1'이라는 생각이 밑바탕입니다. 즉 한 사람의 시점으로 펼쳐지는 행위인 것입니다. 그렇기 때문에 아무래도 불안함을 감출 수 없습니다. 그런데 이야기를 입체적으로 꾸며서 '나 이외의 시점이 있음'을 드러내는 표현법이 있습니다.

바로 '대화문'의 활용입니다.

'대화문'은 '다른 사람의 발언'입니다. 여러분이 전하고 싶은 내용을 보강하고 객관성을 높이기 위해 "다른 사람들도 이렇게 말하더군요."하고 인용을 하는 것입니다. 이 방법을 사용하면 설득력이 현격히 올라갑니다. 여러분 개인의 주장이 '복수의 의견'으로 확장되어 듣는 사람에게 '그렇다면 이야기를 들어 볼까?'라고 생각하도록 만

어디서든 통하는 말하기 SKILL

듭니다.

예를 들면 필자는 "말하기를 배우면 뭐가 좋나요?"라는 질문을 자주 듣습니다. 즉흥적인 자리에서 이야기할 때는 정량적인 데이터를 보여 줄 수도 없고 비포 앤 애프터 동영상을 보여줄 수도 없습니다. 그래서 다음과 같이 남에게 들었던 말들을 인용해서 이야기해 줍니다.

☺ **GOOD** ──────────────────────────────────

어떤 경영자분은 **'주주 총회 연설을 도움받고, 15년간 경영해 온 회사를 이제야 제대로 설명할 수 있었다'**고 말씀해 주셨습니다.

☺ **GOOD** ──────────────────────────────────

남들 앞에서 말할 때 과도한 긴장감 때문에 과호흡으로 쓰러진 적이 있다는 회원분이 있으셨는데 **'당당하게 말할 수 있는 자신감 생겼다'**고 말씀해 주셨습니다.

이렇게 지금까지 자신이 들은 말을 곁들이는 것입니다. 그러면 내 시점으로만 이루어졌던 'n=1'의 이야기가 'n=복수'로 바뀌면서 입체적인 이야기가 됩니다.

비즈니스 상황을 예로 들면 다음과 같습니다.

개발팀으로부터 **'이번 제품은 매우 우수하다', '자신 있게 소개할 수 있다'**라는 이야기를 들었습니다!

거래처에 회사에서 주력으로 미는 제품임을 어필할 수 있습니다. 또 팀원에게 업무 피드백을 할 때 다음과 같이 활용할 수 있습니다.

다른 부서에서도 **'일을 잘 한다'**고 칭찬이 자자하더군요.

이처럼 평가자 개인이 아닌 다른 사람의 목소리도 섞어서 격려하면 객관성이 한층 더 두드러집니다.

대화문은 현실감도 높여 줍니다. 다른 사람의 발언을 삽입하면 이야기가 사실적이고 친숙해지며 공감과 때로는 감동으로 이어지기도 합니다. 또 대화문에는 말한 사람의 감정이 자연스럽게 묻어나기 때문에 감정을 담을 때도 편리합니다. 말한 사람의 목소리를 흉내 낼 수 있다면 더욱더 효과적입니다. 형식적인 이야기가 아닌 생동감이 넘치는 커뮤니케이션을 할 수 있습니다.

💬 스토리를 '전환'하는 대화문의 힘

대화문은 자신의 주장을 뒷받침해 줄 뿐만 아니라 이야기의 기 승전결을 표현할 때도 활용할 수 있습니다. 앞서 언급한 바와 같이 'n수가 늘어 이야기에 현장감이 상승'한 상태에서 추가로 '나는 누 군가의 말이 계기가 되어 변했다'는 식의 감동 스토리를 그리는 데 효과적입니다. 소설 속에서도 일어난 사건뿐만 아니라 '누군가에 게 들은 이야기'로 상황이 크게 바뀌는 식의 전개는 흔합니다.

우리는 대화를 통해 들은 말이 생각과 삶의 방식에 큰 영향을 주는 경 우가 많습니다. 따라서 인용에 능숙하면 더욱 효과적으로 듣는 이에 게 동기부여를 할 수 있습니다.

큰 인기를 끈 영화 〈불량소녀, 너를 응원해!〉(실화를 바탕으로 2016 년에 개봉한 일본 영화로 학교에서 문제아로 낙인찍힌 주인공이 1년동안 엄마와 학원 선생님의 도움으로 명문 게이오대학교에 입학하는 내용이다)의 실제 주인 공으로 유명한 고바야시 사야카는 이런 대화문 활용에 매우 능숙 합니다. 강연 및 교육 사업 등의 활동을 펼치고 있던 그녀가 일본 에서의 활동은 일시 중단하고 미국 대학원에 가기로 한 것을 팬들 앞에서 이야기했을 때의 내용을 살펴보면 다음과 같습니다.

지난 7년 동안 〈불량소녀, 너를 응원해!〉 스토리를 통해 정말로 전하고 싶었던 말을 한 사람이라도 더 많은 후배, 또 그들 주위의 어른들에게 알리고자 필사적으로 강연하고 다녔습니다.

그러던 중 어떤 어린 여자분이 저에게 이렇게 말하더군요. '사야카 짱은 엄마랑 선생님이 계셔서 다행이네요. 제게는 그런 사람이 아무도 없어요. 열심히 하고 싶어도 열심히 하지 못하는 사람들이 세상에 많이 있다는 걸 잊지 않았으면 좋겠어요.'라고 말이죠. 이 말을 듣고 평소에 생각은 하고 있었지만, 비로소 '아, 나는 그저 행운아였구나.'라는 실감을 하게 되었습니다.

그녀가 인용한 대화문은 그동안 열심히 활동해 온 자신에게는 매우 충격적인 말이었을지 모릅니다. 하지만 그때의 기분을 그대로 표현함으로써 듣는 사람의 마음을 사로잡을 수 있었습니다.

이처럼 대화문은 이야기를 전환하는 효과도 있습니다. 여러분의 일상 속 대화는 모두 설득력을 더해 주는 소재가 됩니다. 이야기의 내용과 상대의 말을 기억해서 자신의 말하기를 향상하는 무기로 사용해 주세요.

명언을 '업그레이드'해서 주장 강화

'인용'이라는 관점에서 보면 대화문 이외에도 격언, 명언, 고사성어, 속담, 관용구, 사자성어 등도 비슷한 기능을 기대할 수 있습니다. 즉 제삼자의 시점이나 의견으로 주장의 강도를 더할 수 있다는 측면에서 '대화문'과 같습니다. 역사적인 위인의 명언이나 고사성어 등 이미 인류가 교훈으로 간직해 온 말을 사용하면 그만큼 중요하다는 어필이 가능해 설득력 향상으로 이어집니다.

잘못을 인정합니다. '잘못을 고치는 데 주저하지 말라'라는 말이 있습니다. 이 말은 논어에 나오는 말이지만 지금도 통용되는군요. 저는 생각이 바뀌었습니다.

'소년이여, 야망을 가져라'라는 말이 있습니다. 저는 노인이지만 야망을 품겠습니다.

고사성어나 명언을 인용한 뒤에 자신의 이야기를 연결 짓는 형태입니다. 특별히 주목해야 할 예시는 클라크 박사의 명언인 '소년이여, 야망을 가져라'를 인용한 두 번째입니다. 첫 번째는 자신의 '전향'을 설명하는 방법이며 두 번째는 '나이 들어도 야망을 품어도 된다'며 명언에 자신의 지론을 덧씌웠습니다.

'명언이나 고사성어를 인용하여 그 의미를 설명하는 것'만으로도 충분히 하고 싶은 이야기를 설명할 수 있습니다. 하지만 거기에서 한 단계 더 업그레이드해서 '그는 이렇게 말했지만 나는 더 이렇게 생각한다'며 **'파생어까지 만든 것'은 굉장히 능숙한 표현입니다.** 명언이나 고사성어를 바탕으로 신조어를 만들어낼 수 있으면 매력적인 주장이 가능합니다.

'일석이조'라는 말이 있습니다. 하지만 저는 이번 프로젝트를 통해 '일석십조'를 할 수 있다고 생각합니다.

이와 같이 사자성어나 관용구에 포함되는 숫자를 바꾸는 방법은 초급자라도 쉽게 시도할 수 있습니다.

💬 '유명하지 않은 명언' 인용하기

한편 인용문의 지명도가 낮다면 신조어를 만드는 것보다 오히려 그대로 사용하는 편이 좋습니다. 예를 들면 '무슨 일이든 이루기 전까지는 불가능해 보인다'라는 넬슨 만델라의 명언이 있습니다. 또 알베르토 아인슈타인은 '성공한 사람이 되려고 하지 마라. 가치 있는 사람이 되려고 하라'라는 말을 남기기도 했습니다. 두 인물은 유명하지만 그들의 명언은 그다지 널리 알려지지 않았습니다. 이럴 때는 굳이 뭔가를 덧붙이려고 고민할 필요는 없습니다. 자신의 주장과 연관성만 확인하면 효과를 낼 수 있습니다.

애플의 CEO인 팀 쿡은 매사추세츠 공과대학 졸업식 연설의 마지막 부분에서 다음과 같이 말했습니다.

다음 드리는 말씀을 항상 기억해 주시기 바랍니다. 이보다 더 강력한 말은 없다고 생각합니다. 킹 목사는 '모든 인간의 운명은 한 벌의 옷으로 짜인 거역할 수 없는 상호관계의 틀에 묶여 있다'라는 말을 남겼습니다. 여러분이 항상 이 생각을 바탕으로 기술뿐만 아니라 그것에 혜택을 받는 인간까지 염두에 두셨으면 좋겠습니다. 일부가 아닌 모든 사람을 위해 최고의 것을 만들고, 최고의 것을 바치고, 최선을 다한다면 오늘날의 인류는 많은 희망을 품어도 좋을 것입니다.

킹 목사라고 하면 '나에게는 꿈이 있습니다 I have a dream'라는 명언이 유명하지만 굳이 잘 알려지지 않은 다른 말을 인용해서 자신의 주장과 연관 지었습니다. 이 기법은 듣는 사람에게 새로운 지식을 제공한다는 측면도 있습니다. 얼마나 유명한 사람의 명언인지, 얼마나 알려진 명언인지를 살필 때도 항상 듣는 사람의 존재를 잊어서

는 안 됩니다.

덧붙여서 말하자면 인용문은 이야기 하나당 하나만 사용하기를 추천합니다. 너무 많은 인용은 어떤 이야기와 연관되는지 혼선을 초래해 주장이 퇴색될 수 있습니다. 듣는 사람이 기억하기 쉽도록 최소한으로 활용하도록 합시다.

흥미를 유발하는 말하기 기술

여러분이 무언가를 이야기할 때 듣는 사람 모두가 관심을 보일 것이라는 법은 없습니다. 연설이나 프레젠테이션 등 다수가 대상일 때도 그렇고, 인터뷰나 면접 등 일대일 커뮤니케이션에서도 마찬가지입니다. 특히 불특정 다수가 대상인 영업이나 본인의 의지와 상관없이 참석한 사람이 대상인 강연 등 수동적일 수밖에 없는 상황에서는 듣는 사람이 무관심한 경우가 많습니다. 이런 상황에서는 말하기가 상당히 껄끄럽습니다. '이 사람은 내 이야기를 전혀 듣지 않고 있군', '지루해하는 것 같군' 등과 같은 기분을 느끼면서 이야기를 이어나가기란 참 괴롭습니다. 듣는 사람이 말하는 사람에게 관심이 없을 때나 이야기를 들어도 가치가 없다고 생각할 때 효과적인 전달법이 있습니다.

어디서든 통하는 말하기 SKILL

바로 '상대의 기분 대변하기'입니다. '상대의 기분 대변하기'는 이름 그대로 듣는 사람이 느끼고 있을 마음속 솔직한 감정을 선수 쳐서 말하는 기술입니다.

예를 들면 회사 연수 행사에서 '본 연수가 뻔한 이야기만 하는 자리라고 생각하시는 분이 계실지 모르겠군요.', 혹은 상품 설명회에서 '다른 상품과 별반 차이가 없다고 느끼시는 분이 계실지 모르겠네요.' 등과 같이 듣는 사람들을 움찔하게 만드는 말을 사용하는 식입니다. 자료만 내려다보고 전혀 고개를 들지 않는다거나 계속 PC 화면만 바라보는 등 무관심한 태도를 보인다면 이런 자극적인 말을 던져 봅시다.

지루해하는 듣는 사람의 '마음'에 말을 건다는 이미지입니다. 듣는 사람 모두의 마음을 반영할 수는 없지만 깜짝 놀라게 하여 주의를 환기하기에는 충분합니다. 다만 상대의 기분을 지적하는 말만 하면 듣는 사람을 언짢게 할 수 있습니다. 그럴 때는 '이야기의 목적 및 목표 제시'를 조합해서 구성해 봅시다.

사내의 연수 담당자가 의욕이 없는 직원들에게 이야기할 때를 예로 들어 보겠습니다.

상대의 기분 대변하기 본 연수를 뻔한 이야기만 하는 자리라고 생각하 시는 분이 계실지도 모릅니다. 이번 연수는 전사 행사입니다. 타 부서 팀장들로부터 호평을 받아 그 효과도 검증되었습니다. 새로 운 시도는 아니지만 **이야기의 목적 및 목표 제시** 여러분이 회사에서 더 큰 성과를 낼 수 있는 프로그램으로 구성했으니 마지막까지 많은 관심과 성원 부탁드립니다.

별로 관심이 없는 고객에게 상품 설명을 할 때라면 다음과 같습 니다.

상대의 기분 대변하기 다른 상품과 별반 차이가 없다고 느끼실 수도 있습니다. 그렇다면 본 상품만의 차별성을 말씀드리겠습니다. **이야기의 목적 및 목표 제시** 장점도 단점도 모두 파악하실 수 있도록 꼼 꼼히 설명해 드리겠습니다.

이런 식으로 말할 수 있습니다.

불리한 상황을 잘 이용해서 각오나 의지를 보여 주면 자신의 이 야기에 의미를 크게 증폭시킬 수 있습니다. 듣는 사람의 성향을 파악해서 사전에 반응을 예상할 수 있다면 이러한 카드를 어느 정도 준비해 두면 좋을 것입니다.

말하기는 듣는 사람이 많을수록 일방적으로 흐를 가능성이 높습니다. 그렇지만 커뮤니케이션은 소통임을 명심해야 합니다. 상대의 마음속 깊은 곳을 꿰뚫어 보며 말할 수 있으면 흥미가 없는 사람에게 흥미를 유발하는데 큰 도움이 됩니다. 아무래도 자신의 마음을 알아줄 때 신뢰를 느끼기 마련입니다.

💬 '실시간적인 요소'로 '자리의 가치' 높이기

연설, 프레젠테이션, 면접, 영업 활동 등 상황에 따라서는 일방적으로 계속 이야기할 수밖에 없는 시간도 있습니다. 이때 말이 서툴면 듣는 사람은 그저 뻔한 이야기를 계속 듣는다는 생각에 소외감을 느낄지도 모릅니다. 그 해결책으로 '지금', '요즘'과 같은 말을 사용해 '실시간적인 요소'를 가미하는 방법을 소개하겠습니다.

이야기할 때는 '지금'을 말하는 사람과 듣는 사람이 서로 '공유하고 있다'는 사실, 즉 '나와 당신이 연결되어 있다'는 감각을 유지하는 것도 매우 중요합니다. 동영상도 아니고 문자도 아닌 '그 자리에서 이야기를 공유하고 있다'는 사실을 실감할 수 있는 표현을 익히는 것도 큰 도움이 됩니다.

야구부의 주장이 동료 선수들에게 하는 연설을 예로 들어보겠습니다.

😟 BAD

더욱 강한 팀이 되도록 내일부터 연습도 열심히 합시다!

☺ GOOD

우리는 **지금, 이 순간**, 전국대회 우승이라는 목표를 내걸었습니다. 더욱 강한 팀이 되도록 내일부터 연습도 열심히 합시다!

이 두 가지 예를 보면 전자에 비해 후자는 자리에 있는 사람들과 지금의 시간을 함께 나누며 커뮤니케이션하겠다는 의지가 느껴집니다. 바로 지금, 바로 그 자리에서만 할 수 있는 이야기임을 어필하면 말에 희소성이 생겨 듣는 이를 집중시킬 수 있습니다. '나에게는 꿈이 있다'라는 명언이 탄생한 한 킹 목사의 연설에는 이러한 '실시간적인 요소'가 많이 구사되고 있음을 알 수 있습니다.

오늘 저는 미국사에서 자유를 요구하는 가장 위대한 시위로 역사에 길이 남을 이 집회에 여러분과 함께 참여하게 되어 기쁘게 생각합니다.

100년 전 한 위대한 미국인이 노예 해방 선언에 서명했습니다.

지금 우리는 그 사람을 상징하는 동상 앞에 서 있습니다.

흑인들은 여전히 미국 사회의 한구석에서 비참하게 살고 있으며, 내 나라이지만 마치 망명자와 같은 삶을 살고 있습니다. **그래서** 우리는 오늘 이 부끄러운 상황을 고발하기 위해 여기에 모였습니다.

'오늘', '지금' 등의 단어가 눈에 들어옵니다. 지금, 이 순간을 어필하는 말에는 지난 일을 소환하는 듯한 효과가 있습니다. 실시간적인 요소를 가미하면 그 자리에 적합한 말을 의식적으로 선택해서 말하고 있다는 배려심이 전해집니다. 또한 지금 실시간으로 말하는 이야기는 동영상 등 과거에 만들어 둔 내용이 아니며, 이 순간에 밖에 들을 수 없다는 의미도 어필할 수 있습니다. 이런 점은 듣는 사람의 만족감이 커지는 포인트입니다.

3
PART

'음성·동작'의 SKILL

발성	호흡의 구조를 이해한다.
	복식 호흡으로 큰소리를 낸다.
	목소리의 크기를 조절하여 심정을 표현한다.
	일정한 속도로 이야기할 수 있도록 한다.
	상대방과 상황에 맞춰 말하는 속도를 결정한다.
	이야기의 내용에 따라 말하는 속도에 변화를 준다.
	목소리의 높낮이를 조절한다.
	중요한 이야기는 목소리의 톤을 높인다.
침묵	적절한 침묵을 확보한다.
	불필요한 추임새를 인식하고 없앤다.
신체 표현	몸의 중심과 손발의 위치를 안정시킨다.
	표정·시선을 관리한다.
	말하는 위치를 고민한다.
	제스처로 다채로운 표현을 한다.

제3부에서는 말을 할 때 사용하는 '음성'과 '동작'의 스킬을 설명하겠습니다. 음성과 동작을 잘 활용하면 열정을 어필할 수 있고, 하고 싶은 이야기도 쉽게 표현할 수 있으며, 당당하고 분명하게 전달할 수 있습니다. 반면에 잘 활용하지 못하면 자신감이나 의욕이 없어 보이고, 말하는 내용을 파악하기 쉽지 않아 부정적인 인상을 주기도 합니다. 많은 사람이 공통으로 고민하는 부분이지만, 제대로 익힌 사람은 큰 변화를 경험합니다. 차근차근 배워서 실천해 봅시다.

6
CHAPTER

"

발성

사람을 매혹하는 '목소리' 다듬는 법

"

💬 '3배' 더 해도 좋다 – 음성·동작에 대한 마음가짐

지금부터는 음성과 동작에 관련된 내용을 살펴보겠습니다. 말은 음성에 의해 상대에게 전달됩니다. 또한 동작으로 강조되어 전달됩니다. 이들 표현 기술을 잘 활용하는 사람은 이야기에 마음을 담을 수 있고, 또 그 마음을 능숙하게 전달할 수 있습니다. 반대로 서툴면 그만큼 손해 보기 쉽습니다. 왜냐하면 횡설수설하는 것처럼 보이거나 의미 파악이 어렵고 자신감이 없는 것처럼 비치는 경우가 많기 때문입니다.

필자는 트레이너로서 많은 사람을 지도하면서 음성과 동작은 '자신과 타인의 인식차'가 매우 크다고 느꼈습니다. 트레이닝 초기에는 "이렇게 크게 말하면 민폐 아니에요?", "이렇게 오래 침묵해도 괜찮은 거예요?"라고 입을 모읍니다. 그런데 막상 녹음 및 녹화한 자신의 목소리나 말하는 모습을 확인하면 의외로 평범하다고 말합니다. 그리고 좀 더 대담해져야겠다고 말들을 합니다.

'음성과 동작은 자기 생각보다 3배 이상 더 크게 해야 평범하게 들린다'고 항상 말을 합니다. TV 프로그램이나 유튜브 등 화면 너머로 무심코 보고 듣던 전문가들의 리액션을 잘 살펴보면 실제 목소리는 매우 높고 표정도 다채롭습니다. 그 정도로 과장된 리액션이나 표현이 일반적으로 알기 쉬운 정도인 것입니다. 자신과 타인이 느끼는 감각의 간극을 적절히 메우고 대담한 표현이 가능해지면 여러분의 말하기는 크게 달라질 것입니다.

💬 '억양' 분석하기

'말하기'의 토대는 '음성'입니다. 그리고 음성의 질을 논할 때는 '억양'을 빼놓을 수 없습니다. 억양은 목소리의 상태를 높이거나 낮추는 것, 말하는 기세를 갑자기 바꾸는 것 등을 말합니다. 당당해 보이는지, 나긋나긋해 보이는지 등 말하는 사람의 인상은 억양이 좌우한다고 해도 과언이 아닙니다. 다만 억양이라는 말은 다소 모호하게 쓰입니다.

물론 말하기를 가르치는 일반적인 학교 교육에서도 억양이라는 말을 사용합니다. 또 이야기가 지루해서 알기 힘들 때나 감정이 담겨 있지 않을 때 '억양을 바꿉시다'라는 표현을 사용합니다. 하지만 억양의 구성 요소는 하나가 아닙니다. 그래서 '억양을 바꿉시다'라는 말만으로는 목소리의 크기인지 속도인지 아니면 높이인지 구체적으로 무엇을 바꿔야 할지 알 수가 없습니다. 이래서는 문제점을 정확히 해결할 수 없습니다.

이 책에서는 목소리 기술을 익히기 위해 '억양'을 구성하는 요소를 나누어서 설명하겠습니다. '억양'을 세분해서 이해하면 구체적으로 어떤 점을 개선해야 할지 파악할 수 있기 때문입니다. '억양'은 다음의 다섯 가지 요소로 분류할 수 있습니다.

- 목소리의 크기
- 목소리의 속도
- 목소리의 높이
- 사이의 확보
- 추임새('에…', '저…' 등 무의식적으로 나오는 말) 줄이기

이번 장에서 앞의 세 가지를 살펴보고 나머지 두 가지는 다음 장에서 살펴보겠습니다.

목소리의 볼륨은 기본적으로 '크게'

우선은 '목소리의 크기'가 중요합니다. 기초적인 요소이지만 소리의 크기를 잘 활용할 수 있어야 말할 때 표현을 효과적으로 다듬을 수 있습니다. 목소리로 이야기를 전달할 때 반드시 처음에 고려해야 할 중요한 포인트입니다. 목소리가 크면 전체적으로 당당한

인상을 줄 수 있고 듣는 사람도 듣기 쉬운 이야기로 인식합니다. 반면에 작은 목소리는 비밀을 공유하거나 주위에 크게 들리지 않도록 배려하고 부드럽게 말한다는 인상을 줄 수 있습니다. 다만 목적 달성을 위한 말하기라는 관점에서 목소리의 크기는 아무래도 큰 쪽이 유리합니다.

처음 말하기 트레이닝을 받는 사람의 대부분은 목소리를 내거나 울리는 올바른 방법을 알지 못하기 때문에 작은 소리를 내는 경향이 강합니다. 연극 등 무대에 서본 경험이 없다면 얼마나 크게 말해야 할지 그 정도를 이해하기가 힘든 것도 사실입니다. 그래서 좀처럼 큰 소리로 말하지 못하는 사람이 의외로 많습니다. 목소리 볼륨의 기본값을 올리는 것만으로도 이야기의 품질이 비약적으로 바뀝니다.

목소리를 크게 내는 간단한 요령은 '목소리를 낼 때 배를 오목하게 만드는 것'입니다. 그러면 힘들이지 않고 편안하게 큰 소리를 낼 수 있습니다. 지금부터 그 이유를 설명하겠습니다.

💬 흉식 호흡의 약점과 한계

우리는 입이나 코를 통해 공기를 폐로 보내 호흡합니다. 이때 폐는 마음대로 움직이는 것이 아니라 폐를 둘러싼 공간인 '흉곽' 주위에 붙어 있는 근육에 영향을 받아 움직입니다. 근육이 움직여서 흉곽이 넓어지면 폐도 커지고 근육에 의해 흉곽이 줄어들면 폐도 줄어듭니다.

폐를 실제로 움직이게 하는 근육을 총칭하여 '호흡근'이라고 하는데 세세하게 분류하면 20개 이상의 종류가 있다고 알려졌습니다. 호흡근 중에서 어느 부위를 사용해서 호흡하느냐에 따라 호흡법이 달라지며 이는 목소리의 크기에도 영향을 줍니다.

호흡법은 '흉식 호흡'과 '복식 호흡'으로 나눌 수 있습니다. 이 책에서는 복식 호흡을 권장하지만, 그 중요성을 이해하려면 흉식 호흡에 대한 지식도 필요하므로 같이 설명하도록 하겠습니다.

흉식 호흡은 호흡근의 일종인 갈비뼈 사이를 잇는 늑간근이 안쪽으로 움직이면서 폐가 수축하여 숨이 나오는 구조입니다. 그래서 가슴 부근이 오르내리는 움직임을 보입니다. 목소리를 내는 법을 배운 적 없는 사람들 대부분이 이 호흡을 통해 목소리를 냅니다. 하지만 흉식 호흡은 한 번에 내뱉을 수 있는 숨의 양이 한정되어 있

● 흉식 호흡과 복식 호흡의 차이

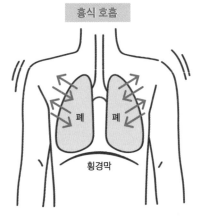

갈비뼈 사이를 잇는 늑간근이 움직이면서 폐가 수축한다. 가슴이 휘고 어깨에 힘이 들어가기 십상이다.

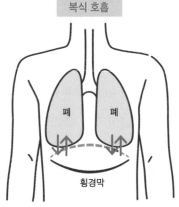

명치 근처의 횡격막이 위아래로 움직이며 폐가 수축한다. 몸에 불필요한 힘이 들어가지 않고, 내뱉을 수 있는 숨의 양도 많다.

어 큰 소리를 내기가 어렵습니다. 흉식 호흡 상태에서 무리해서 큰 소리를 계속 내면 목에 힘이 들어가 부담이 생깁니다.

정치인들이 흔히 선거 막바지가 되면 목이 잠겨서 쉰 목소리를 내는 경우가 많은데 이는 흉식 호흡으로 과도한 소리를 냈기 때문입니다.

💬 복식 호흡에 사용되는 '최강의 호흡근'

위와 같은 이유로 '복식 호흡'을 추천합니다. 복식 호흡은 호흡근 중에서도 '횡격막'이라는 부위를 사용하여 호흡합니다. 횡격막은 명치 부분에 있는 초승달 모양의 얇은 막입니다. 사실 횡격막은 20종 이상이라는 호흡근 중에서도 가장 강한 힘을 가지고 있는 부위입니다. 그렇기 때문에 횡격막이라는 근육을 활용한 복식 호흡은 흉식 호흡에 비해 3배 정도 많은 숨을 한 번에 내쉴 수 있다고 합니다.

숨을 많이 내쉴 수 있다는 것은 그만큼 큰 소리를 낼 수 있다는 의미입니다. 또한 횡격막은 폐 아래에 위치한 근육이기 때문에 어깨나 가슴 부근에 부담이 거의 가지 않고 목이나 어깨에 힘이 들어가는 것도 방지할 수 있습니다. 즉 복식 호흡을 하면 내뱉는 숨의 양이 늘고 불필요한 힘을 주지 않고도 큰 소리를 낼 수 있습니다.

복식 호흡을 할 때 우리의 몸은 다음에 나오는 그림과 같이 움직입니다. 배 주위의 근육에 힘을 주고 배를 의식적으로 오목하게 만듭니다. 그러면 장기가 몸 안으로 밀려들어 갑니다. 그 움직임을 따라 아래 방향으로 처져 있던 횡격막이 압박받아 위쪽으로 움직입니다. 이와 같은 움직임은 흉곽 전체를 눌러 결과적으로 흉곽 안에 있는 폐의 숨을 단번에 내쉴 수 있게 해 줍니다.

● 복식 호흡의 구조

숨을 뱉을 때

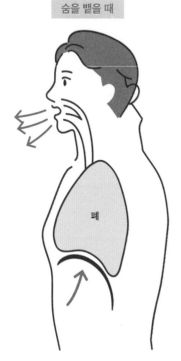

폐

숨을 마실 때

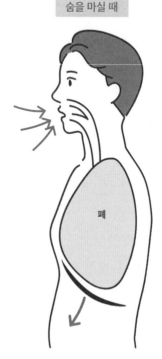

폐

배를 움푹 패게 하면 횡격막이 위쪽으로
움직여 숨을 단번에 내쉴 수 있다.

들이마신 숨으로 폐가 아래 방향으로 부
풀어 오르고 횡격막도 아래로 움직여 배
가 팽창한다.

💬 배를 활용해 횡격막 움직이기
···

횡격막을 움직여 복식 호흡하는 방법은 매우 간단합니다.
'소리를 낼 때 배를 오목하게 만드는 것'입니다.

의식적으로 횡격막을 움직이기는 어렵기 때문에 소리를 낼 때 배를 오목하게 만들면서 숨을 내쉬면 자연스럽게 횡격막이 움직여서 복식 호흡이 수월해집니다. 일반적으로 "배로 소리를 내라"라는 말을 자주 하는데, 이런 말로는 목소리를 크게 낼 수 있는 원리를 알 수 없습니다. 제대로 원리를 이해하고 습득하는 것이 중요합니다.

💬 복식 호흡은 '누워서 익혀라'

복식 호흡은 큰 목소리를 낼 수 있을 뿐만 아니라 목에 부담을 주지 않고 소리를 멀리까지 보낼 수 있는 장점도 있습니다. 반드시 익히기를 추천하는 호흡법이므로 트레이닝법을 자세히 설명하겠습니다.

우선 똑바로 서서 입에서 20센티미터 정도 떨어진 위치에 한 손을 댑니다. 손을 데운다는 느낌으로 '하~' 하고 숨을 내쉽니다. 이때 한숨을 쉬듯이 숨을 내쉬면 자연스럽게 배가 움푹 들어가 있는 것을 확인할 수 있습니다. 다른 손으로 배를 만져 보면 정확히 알 수 있습니다. 이것이 복식 호흡을 하는 상태입니다.

그다음에 조금 더 힘을 줘서 숨을 내쉽니다. 구체적으로는 아까의 한숨에 힘들 좀 더 보탠다는 감각으로 '핫' 하고 공기가 나가는 소리로만 숨을 크게 내뱉습니다. 숨을 내쉴 때 배가 자연스럽게 움직이는지 확인해 주기 바랍니다. 안정적으로 숨을 쉴 수 있다면 조금씩 목소리를 내 봅니다. '핫'과 같은 방법으로 '앗' 하고 소리를 냅니다. 숨소리에서 목소리로 바뀔 때 배를 제대로 움직이지 못하는 사람이 많습니다. 잘 안된다면 한숨부터 다시 시작해 보기 바랍니다.

문제가 없다면 다음 단계로 넘어갑니다. 이번에는 '아~' 하고 길게 소리를 냅니다. 숨이 계속되는 한 길게 내쉬는 것이 바람직합니다.

여기까지 마쳤다면 마지막으로 여러 개의 소리를 내어 봅니다. '아이우에오' 등 글자수를 늘렸을 때도 배가 똑같이 자연스럽게 움직이는지 확인합니다.

이 트레이닝은 선 상태에서도 할 수 있지만 처음 시작할 때는 요가 매트 등에 누워서 해 보기를 추천합니다. 그러면 어깨 부분이 중력으로 고정되기 때문에 흉식 호흡을 방지할 수 있습니다. 또한 배를 자연스럽게 움직이기도 수월합니다. 이 상태에서 복식 호흡의 감각을 익힌 뒤에 선 상태에서도 같은 호흡이 가능한지 도전해 보기 바랍니다.

● 복식 호흡 트레이닝

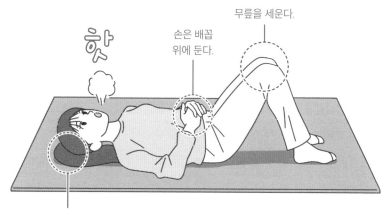

무릎을 세운다.

손은 배꼽
위에 둔다.

머리를 매트에 대고
얼굴은 정면을 바라본다.

요가 매트 등에 누워 얼굴은 정면을 향한다. 배꼽 정도의
위치에서 손을 올리고 무릎을 세운다. '핫' 하고 숨을 내쉬
며 배가 자연스럽게 움직이는지 확인한다.

🗨 목소리의 크기 조절로 표현의 폭 넓이기

기본적으로 목소리는 커야 잘 들리므로 우선은 크게 말하는 것
을 목표로 삼아야 합니다. 큰 소리를 낼 수 있다면 그다음에는 응
용편으로 목소리 크기를 조절하는 표현 방법을 익혀봅시다. 필자
는 지금도 웅변대회에 출전합니다. 웅변을 하면서 하고 싶은 말이
나 분위기에 맞게 목소리 크기를 어떻게 조절하면 좋을지 항상 고
민합니다.

큰 소리는 분위기를 환기하는 중요한 역할을 합니다. "××라는 생각은 틀렸습니다."와 같이 강한 주장이 필요한 부분에서는 크게 말합니다. 강한 인상을 남길 수 있을 뿐만 아니라 메시지의 중요성이나 감정이 돋보이기 때문입니다. 반면에 "저는 이 일이 자랑스럽습니다.", "여러분과 손을 맞잡고 앞으로 나아가고 싶습니다." 등과 같이 마음속 깊은 곳에서 우러나는 말을 토로할 때는 작은 소리가 효과적입니다. 말의 울림을 되새기듯 작은 목소리로 분명하게 발음합니다. 복잡한 심경이나 외로움, 진지한 결의 등 솔직한 마음이나 의지 표명도 가능합니다. 목소리 크기를 잘 활용하면 사소한 심정의 변화를 효과적으로 표현할 수 있습니다.

또한 세밀한 기술이지만, 목소리의 크기에 맞춰 마이크 거리를 조정합니다. 큰 소리를 내겠다고 마음먹었을 때는 마이크에서 조금 떨어져서 말합니다. 작은 소리로 말할 때는 마이크에 다가갑니다. 이처럼 조금만 궁리해 보면 마이크도 활용할 수 있습니다. 하지만 큰 소리를 낼 수 없는 상태에서 이 방법을 구사하면 작은 소리는 아예 들리지 않을 수 있습니다. 원칙적으로 **큰 목소리가 첫 번째 목표**이고, 추가로 목소리 크기를 조절할 수 있으면 더 풍부한 표현이 가능해질 것입니다.

어디서든 통하는 말하기 SKILL

💬 일단은 일정한 속도로 말할 수 있어야 한다

이어서 '목소리의 속도'에 대해 설명하겠습니다.

적절한 속도로 말할 수 있으면 알기 쉽고 명료하게 전달할 수 있습니다. 편안하고 집중할 수 있는 이야기를 하는 데 있어 매우 중요한 요소입니다. 목소리의 속도가 고민인 사람도 적지 않습니다. 특히 말이 빨라서 고민인 사람이 많습니다. 사실 속도는 절대적인 정답은 없지만, 훈련으로 얼마든지 컨트롤할 수 있습니다.

여러분은 악기를 연주해 본 적이 있으신가요? 어떤 악기든 처음에는 기초적인 연습부터 시작합니다. 음계 연습이라고 해서 하나하나의 소리를 일정한 간격으로 울리고, 때로는 메트로놈을 사용하면서 박자가 흔들리지 않도록 소리를 내는 훈련을 합니다. 이렇게 기초가 완성되면 템포가 빠른 곡이나 느린 곡 연습으로 넘어가며, 이후 점차 템포 변화가 큰 곡도 도전합니다. 목소리의 속도 훈련도 마찬가지입니다. 시간과 장소에 따라 자유자재로 속도를 조절하고 싶다면 우선은 일정한 속도로 말할 수 있어야 합니다.

방송국 아나운서의 뉴스를 눈여겨보면 특별한 버릇이 없고 일정한 속도로 말하는 것을 알 수 있습니다. **한 음 한 음을 같은 리듬과 같은 간격으로 말할 수 있는 상태를 목표로 삼아야 합니다.** 쉬워 보일지 모르겠지만 의외로 잘 안되는 사람이 많습니다. 예를 들면 문장을 읽을 때 처음에는 천천히 시작하다가 나중에는 점점 빨라지는 사람도 있고 템포가 들쭉날쭉 안정적이지 않은 사람도 있습니다. 경험상 대략 20명 중 1명 정도가 여기에 해당합니다. 방송국 아나운서의 뉴스를 참고하여 따라 하는 연습을 하면 말하는 속도를 유지하는 방법을 익히는 데에 도움이 됩니다.

💬 속도는 상대와 상황에 맞춘다

적절한 속도는 듣는 사람의 특성과 상황에 따라 다릅니다. 말이 빠른 사람은 상대에게도 빠른 머리 회전이나 다량의 정보를 요구하는 경우가 종종 있습니다. 그런 사람에게는 마찬가지로 빨리 이야기하면 서로 기분 좋은 대화를 즐길 수 있습니다. 반면에 말이 느린 사람은 의사소통에 공손함을 중요하게 생각하므로 천천히 이야기하면 효과적입니다. 비즈니스 상황이라면 업계별 특징도 있을 것입니다. 자신이 관련된 업계나 고객의 성향이 어떤지 분석해 보면 큰 도움이 됩니다.

어느 한쪽이 일방적으로 오랜 시간 이야기하는, 즉 연설이나 프레젠테이션 같은 경우는 **대상, 상황, 발표 장소에 맞게 속도를 변화시**

어디서든 통하는 말하기 SKILL

킬 수 있으면 효과적입니다. 예를 들어 청중이 다수일 때는 그만큼 다양한 배경의 사람이 모여 있으므로 조금 천천히 말해서 모두가 이야기에 따라올 수 있도록 조정하는 것이 좋습니다.

자신에게는 편하고 익숙한 속도일지라도 상황에 따라서는 이야기를 쫓아가지 못하거나 지루해하는 사람도 있을 것입니다. 여러분의 이야기를 한 사람이라도 더 많은 사람에게 전하고 싶다면 속도를 구분해서 말할 수 있는 능력을 키워야 합니다.

갑작스러운 속도 저하로 청중을 압도하기

지금까지 설명한 '일정한 속도로 말하기'는 말하기의 기초를 이루는 중요한 기술입니다. 여기에 더해 특정 상황에 갑자기 느리게 말하거나 갑자기 빨리 말하는 응용 기술도 있습니다.

'강조 느림'과 '생동生動 빠름'이라고 이름 붙였습니다. 각각의 효과에 관해 설명하겠습니다.

'강조 느림'은 명칭, 중요사항, 숫자 등 이야기 속에 강조해야 할 포인트가 있을 때 그 부분만 천천히 말하는 것을 의미합니다. 예를 들어 "오늘 말씀드리고 싶은 이야기는 지속의 중요성입니다."라는 문장이 있다고 합시다. 호소하고 싶은 내용은 '지속의 중요성'입니다.

😊 **GOOD** ─────────────────────────────────────○

오늘 말씀드리고 싶은 이야기는 **지~속~의~중~요~성**입니다.

이와 같이 강조하고 싶은 부분의 글자만 늘린다는 감각으로 말합니다. 실제로 소리 내어 보면 이해하기 쉬울 것입니다. 이 기술을 활용하면 해당 부분이 극적으로 다르게 들리는 효과가 있습니다. 말을 잘하는 사람은 무의식적으로 구사하기도 합니다. 다만 '강조 느림'은 난발하면 효과가 없습니다. 이야기 중에서도 특히 중요하다고 생각하는 부분에만 좁혀서 사용해야 합니다. 무엇을 기억해 주기를 바라는지 고려해서 사전에 적절한 횟수를 정하면 좋습니다.

'강조 느림'은 모든 상황에서 유용하게 활용할 수 있고 장소도 거의 가리지 않는 실용적인 말하기 기술입니다. 다음에 예시 스크립트를 준비했습니다. 보라색으로 표기된 곳은 의식해서 0.8배속으로 읽어보기 바랍니다.

💬 생동감을 낳는 고급 기술 '생동(生動) 빠름'

부분적으로 말하는 속도를 바꾸는 기술 중에 '강조 느림'은 중요할 뿐만 아니라 사용하기도 쉽습니다. 이 기술을 익혔다면 다음으로 '생동 빠름'이라는 기술에 도전해 봅시다. 부분적으로 갑자기 빨리 말하는 방법인 '생동 빠름'은 생각을 강조하거나 여러 가지 효과를 나열해 다채로운 인상을 주고 싶을 때 도움이 되는 기술입니다. 다음의 문장을 예로 들어 설명하겠습니다.

😊 GOOD

말하기 전략을 배우면 **자신의 꿈을 어필할 수 있고, 동료를 찾을 수 있으며, 미래를 개척할 수 있습니다.** 다시 말해 인생이 긍정적으로 변합니다.

이 예문에서 전하고 싶은 이야기는 '다양한 효과'입니다. 보라색으로 표시된 부분을 속도감 있게 말하면 다양함을 강조할 수 있고 이야기에 생동감도 생깁니다. 난이도가 매우 높은 기술이므로 우선은 '강조 느림'부터 습득하도록 합시다.

이상으로 '일정하게 보통 속도', '일정하게 느린 속도', '일정하게 빠른 속도', '강조 느림', '생동 빠름' 등 말하는 속도에 따른 다양한 효과를 설명했습니다. 당연히 듣는 사람이 이해하기 쉽고 기억하기 편한 속도로 설정하는 것이 중요합니다. 예로 든 스크립트도 참고하면서 꼭 시도해 보기를 바랍니다.

💬 '목소리의 높이'로 열정과 진지함 표현하기

이어서 '목소리의 높이'입니다. 목소리의 높이를 의식적으로 조절할 수 있으면 기분을 다채롭게 나타낼 수 있어 표현의 폭이 넓어집니다. 또한 강조하고 싶은 부분 등도 정확하게 전달되고 이야기 자체도 내용이 잘 정리된 듯한 느낌을 줍니다. 즉 목소리의 높이는 열정 어필과 알기 쉬운 말하기로 이어집니다.

남들에게 말하기를 지적받고 어떻게 고쳐야 할지 몰라서 고민인 사람도 매우 많습니다. 가령 패기가 없다거나 의욕이 없다는 등의 말을 듣는 경우가 많습니다. 이런 사람들이 말하는 모습을 실제로 살펴보면 뭔가 남의 일을 말하는 듯한 인상이 강해 이야기에 자신의 생각이 담기지 않은 것처럼 보입니다. 반대로 본인은 성심성의껏 말하지만 만만해 보이거나 어려 보이는 경우도 있습니다. 원래 성향이 너무 밝은 나머지 역효과로 진지함이 결여된 느낌을 주는 것입니다.

사실 이 두 가지는 모두 '목소리의 높이'에서 비롯된 고민입니다. 전자는 의식적으로 높은 목소리를 내는 훈련으로 이야기에 마음을 담는 방법을 익히면 됩니다. 후자는 원래의 높은 목소리를 살리면서, 진지한 부분이나 강조하고 싶은 부분은 낮은 목소리를 활용하는 훈련이 필요합니다. 밝은 모습과 진지한 모습을 상황에 따라 모두 어필할 수 있으면 신뢰도가 향상됩니다.

💬 상황에 따른 '목소리의 높이'
·····································

목소리의 높이도 속도와 마찬가지로 3단계로 구분하여 사용한다는 생각이 중요합니다. 높은 목소리는 전체적으로 분위기를 띄우고 싶을 때나 열정을 나타내고 싶을 때 사용하는 경우가 많습니다. 구체적으로 말하면 활력적으로 강조하고 싶은 부분, 듣는 사람의 협력이 필요한 부분, 즐거움을 공유하고 싶은 부분, 밝은 미래를 제시하는 부분 등 긍정적인 분위기를 연출하는 상황에 알맞습니다. 긍정이라는 말의 해석은 사람마다 다르겠지만 듣는 사람이 긍정적인 마음을 갖기를 바란다면 높은 목소리를 추천합니다.

한편으로 낮은 목소리는 침착함이나 침울한 기분을 표현하거나 이야기를 냉정하게 들어 주기를 바랄 때 사용하기를 추천합니다. 부정적인 이야기를 할 때 활용하기에 좋습니다. 문제점을 받아들일 때, 억울한 기분을 표현할 때, 어려운 상황을 극복 중일 때 등을 표현해야 하는 상황에서 낮은 목소리로 말하면 더 수월하게 의사를 전달할 수 있습니다. 낮은 목소리는 부정적인 상황뿐만 아니라 중립적인 상황에서도 효과적입니다. 사안을 더욱 객관적으로 보고 있다는 느낌을 줄 수 있기 때문입니다.

- **높은 목소리** : 분위기를 띄울 때, 열정을 어필할 때 등
- **보통 목소리** : 기본적인 목소리
- **낮은 목소리** : 침착함이나 냉정함을 나타낼 때, 침울한 기분을 표현할 때 등

먼저 각각의 목소리 높이에 따른 효과를 확인해 주기 바랍니다. 다만 목소리의 높이는 개인마다 다릅니다. 그래서 원래 어느 정도의 높이가 적절한지 궁금할 수 있습니다. 사실 핵심은 **특정 높이**를 목표로 삼거나 어느 한쪽만 사용하는 것이 아니라 목소리의 '**진폭**'을 활용해야 한다는 점입니다.

💬 '1옥타브의 진폭'이 기준

목소리의 높이를 적절하게 활용할 수 있다고 보는 기준을 '1옥타브 이상'이라고 정의했습니다. 옥타브는 음계라는 의미로 '도레미파솔라시도'의 낮은 '도'부터 높은 '도'까지입니다. 개개인의 원래 목소리 높이에 의존하는 것이 아니라 타고난 목소리를 바탕으로 어느 정도의 진폭으로 말할 수 있느냐가 목소리의 높낮이 변화를 줄 때 의식해야 할 기준입니다.

필자의 분석에 따르면 평균 옥타브는 '0.87'입니다. 즉 만일 도의 소리부터라고 하면 '도레미파솔라'정도까지가 진폭인 셈입니다. 한편 목소리의 높이를 능숙하게 구사하는 10%의 평균은 무려 '1.34'입니다. 이는 '도레미파솔라시도레미'정도까지 사용할 수 있다는 의미입니다. 반면에 목소리의 높이를 능숙하게 구사하지 못하는 하위 10%의 평균은 '0.54'입니다. '도레미파' 정도밖에 사용하지 못합니다. 거의 일정한 높이의 목소리만 낸다고 할 수 있습니다.

자기 목소리의 음역을 간편하게 시험하는 방법을 소개하겠습니다. 주로 악기용으로 사용되는 소리의 높이를 검출하는 튜너를 사용합니다. 튜너가 없어도 웹 사이트나 앱을 통해 쉽게 찾을 수 있으니 검색해 보기 바랍니다. 준비가 끝나면 튜너를 향해 '아아' 하고 소리를 냅니다. 5초 동안 저→고, 5초 동안 고→저로 변화를 주며 발성합니다. 이 방법을 통해 자기 목소리의 진폭을 검출할 수 있습니다. 이때 **진성으로 테스트해야 합니다.** 가성은 말할 때 사용하지 않기 때문입니다. 1옥타브에 미치지 않는다면 의식적으로 좀 더 과장되게 높낮이 변화를 줘서 1옥타브 이상의 진폭을 가질 수 있도록 반복 연습해 주기 바랍니다.

어디서든 통하는 말하기 SKILL

💬 매력적인 프레젠테이션의 비결

목소리의 높이를 훌륭하게 구사하는 사람 중에는 **음역이 무려 2 옥타브에 가까운 진폭인 경우**도 있습니다. 가령 프레젠테이션을 할 때 천천히 말할 때는 조금 낮은 목소리를 사용하지만 마지막에 중요한 얘기를 하면서 마무리할 때는 한결 발랄한 목소리를 구사합니다. 그런 사람은 목소리가 높다는 이미지는 강하지만 매력적인 프레젠테이션의 비결은 목소리의 진폭에 있습니다. 목소리의 높낮이로 희로애락을 명확하게 구분해서 어필하려면 최소한 1옥타브 이상의 진폭을 가지야 효과를 볼 수 있다는 사실을 명심해 주기 바랍니다.

💬 '시작은 높게 끝은 낮게'가 기본 규칙

지금까지 목소리의 높이를 큰 틀에서 설명했습니다. 이제는 좀 더 미시적인 관점에서 문장이나 말을 기준으로 살펴보겠습니다.

한 문장 안에서 아름다운 억양을 만드는 기본 법칙이 있습니다. 바로 **'높은 소리로 시작해서 낮은 소리로 마친다'**는 것입니다. 이는 아나운서들이 항상 염두에 두는 포인트이기도 합니다. 예를 들면 "토요일은 맑겠습니다."라고 말할 때 '토'에서 높은 목소리로 시작해서 '겠습니다.'로 가면서 점점 낮은 목소리로 연결합니다. 이 법칙을 활용하면 자연스러운 발성이 가능합니다.

하지만 이것만으로는 완전하지 않습니다. 말하면서 **전달하고 싶은 중요 부분이 나오면 다시 목소리를 '처음 높이'로 되돌립니다.** '토'에서의 높은 목소리가 점점 낮아지면서 '맑'에 다다르면 다시 '토'와 같은 높이로 돌아가는 식입니다. 이렇게 말하면 한 문장 안에도 높낮이의 변화가 생겨 중요한 단어를 효과적으로 전달할 수 있고 이야기에 리듬감을 줘서 전체적으로 듣기 편한 상태로 만들어 줍니다.

예외적으로 어미의 높이를 유지하거나 조금 더 높게 설정하는 방법도 있습니다. 그러면 텐션은 내려가지 않고 오히려 호소하듯이 목소리가 널리 퍼집니다. 연설, 프레젠테이션, 사회의 질문, 이야기의 마무리 등의 상황에서 감정적으로 호소하고 싶다면 어미의 높이를 유지하거나 어미의 높이를 추가로 올리는 방법이 효과적입니다. 결혼식 사회자를 상상해 봅시다.

"그럼 신랑 신부 입장입니다. 큰 박수로 맞이해 주세요."

상투적인 대사입니다만 끝을 향해 갈수록 목소리가 높아지는 것을 쉽게 상상할 수 있습니다. 소리를 점점 높여서 '주인공의 등장'을 알리고 박수를 유도하여 분위기를 띄울 수 있습니다.

"다음 달부터 이런 목표로 노력합시다. 잘 부탁합니다."라는 팀장의 독려나 "저에게 깨끗한 한 표를 행사해 주세요!"라는 정치인의 호소도 목소리를 점점 높이는 편이 호응을 얻기 좋습니다. 이처럼 높은 목소리는 다양한 상황에서 활용할 수 있습니다. 상대의 동의를 구할 때, 긍정적인 반응이 필요할 때, 분위기를 띄우고 싶을 때 등에서는 꼭 사용해 봅시다.

● 말할 때 어미의 목소리 높이

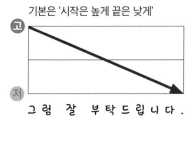

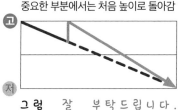

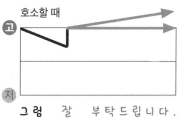

"

침묵

'침묵'이야말로 최고의 말하기 스킬

"

💬 '사이'가 만드는 '이해'와 '기대'

'사이'를 잘 활용하면 말하기를 드라마틱하게 바꿀 수 있습니다. 사이는 말을 하지 않는 시간이며 '침묵'이라고 바꿔 말할 수 있습니다. '말을 잘하는 사람'이라고 하면 막힘없이 술술 이야기한다는 이미지가 먼저 떠오릅니다. 하지만 실제로는 침묵을 교묘하게 사용하는 사람이 많습니다.

사이 사용법은 의외로 어렵습니다. 지금까지의 트레이닝 경험으로 말하자면 90% 이상이 적절한 사이를 두지 않고 말합니다. 사이를 두지 않으면 듣는 입장에서는 새로운 정보가 물밀듯이 계속 귀에 들어옵니다. 어디 한 부분이라도 이해하지 못하는 부분이 생기면 그다음 이야기는 머리에 들어오지 않습니다. 사이가 전혀 없는 이야기는 듣는 사람의 이해를 방해해서 '무슨 말을 하고 있는지 모르겠다'고 느끼기 쉽습니다. 또 사이를 두지 않으면 말이 빨라서 성급하다는 인상을 주기도 합니다.

반면에 사이를 적절히 두면 이야기가 잘 정리되었다는 느낌을 주므로 듣는 사람도 이해하기 쉽습니다. 심지어는 짧은 침묵이 이후 어떤 이야기가 전개될지 기대하게 만들 수도 있습니다. 즉 사이는 앞선 이야기를 이해하는 데 필요한 시간이고 나중에 무엇을 이야기할지 기대하게 하는 시간입니다. 사이를 잘 다스리는 것이 말을 잘 다스리는 열쇠입니다. 필자는 원고에 '사이'라고 써넣고 의식적으로 조정합니다. 그 정도로 중요한 포인트입니다. 사이를 잘 활용해서 이야기 전체를 매력적으로 만들어 갑시다.

💬 희극인의 '9초간 침묵'

사이를 정말로 잘 활용하는 어느 희극인의 예를 들어보겠습니다. 다음은 입학식에서 한 연설입니다. 서프라이즈로 등장해 회장이 술렁이는 가운데 약 700명의 신입생에게 입학 축하의 메시지를 보냈습니다.

신입생 녀석들! 너희들에게 한마디 하겠어! `4초간 사이` 입학 축하해. `9초간 사이` (회장에서 박수가 터짐) 나는 너희들에게 전하고 싶은 말이 있어.

'한마디 하겠어!'라고 화가 난 듯 강하게 외친 후 4초 동안 침묵이 흐릅니다. 청중들이 무슨 말이 나올지 두근거리며 기다리는 가운데 '입학, 축하해.'라고 말해 일순간 안도의 분위기가 강당을 휘감습니다. 반전 요소를 가미했지만 문장마다 사이를 둬서 듣는 이

가 이야기의 내용을 충분히 이해할 수 있게 만든 구성입니다. 게다가 이렇게 박수를 유도한 뒤에도 다시 침묵을 이어가서 도대체 또 무슨 이야기를 할까 하는 호기심을 자극하여 청중들의 마음을 단번에 사로잡았습니다. 사이가 무엇보다도 중요한 코미디의 세계에서 활약하는 희극인 특유의 훌륭한 연설이었습니다.

소프트뱅크의 손정의 사장도 사이를 잘 활용하는 사람입니다. 그는 1~6초 정도의 사이를 두면서 내용에 따라 적절하게 그 길이를 조정하며 이야기합니다. 빠른 말로 주절거린다는 이미지를 가진 사람도 있겠지만 마침표 이후나 '여러분!'이라고 호소한 후에는 적절하게 사이를 두고 이야기를 이어가곤 했습니다. 이를 통해 청중들의 '맞습니다!'라는 외침이나 박수를 유도할 수 있었고, 동시에 이야기에 대한 기대감도 품게 했습니다.

💬 '마침표'를 고려한 사이 확보

우리가 평소에 자신도 모르게 사이를 두는 부분이 있는데 마침표나 쉼표가 나올 때입니다. 이 중에서 마침표는 특히 중요합니다. 마침표 뒤의 사이는 '이해'와 '기대'를 불러일으키는 핵심입니다. 마침표를 잘 활용하면 이야기가 알아듣기 쉬워 듣는 사람의 이해도를 높일 수 있습니다. 또한 사이의 간격이 길면 다음에 나올 이야기에 대한 궁금증이 증폭됩니다. 그뿐만 아니라 의식적인 침묵의 부차적인 효과로 이야기 도중에 무심코 나오는 '에…, 저…'와 같은 불필요한 추임새를 줄일 수도 있습니다(추임새에 대해서는 뒤에서 자세히 다루겠습니다).

구체적인 수치로 말하자면 연설이나 프레젠테이션 등 한 방향으로 말할 때는 마침표 뒤에 2초 정도의 사이를 두는 것이 좋습니다. 한 방향으로 말할 때는 여러 명이 동시에 이야기를 듣는 경우가 많습니다. 성격도 다르며 사전 지식이나 정보도 제각기 다를 수 있습니다. 이런 상황에서 모든 사람의 속성에 맞춰 말하기는 사실상 불가능하므로 마침표 뒤에 사이를 둬서 일반적인 개념에서 모두가 이해하기 쉬운 말하기가 되도록 연출하는 것이 중요합니다. 이때 필요한 시간이 약 2초인 셈입니다.

일대일이나 소규모 대화 시에는 1~2초 정도로 짧아도 괜찮습니다. 상대와의 간격이나 리액션을 살피며 이야기하는 자리라면 2초라는 정해진 시간이 오히려 부자연스러울 수 있습니다. 상대의 반응을 이끌어 내고 알기 쉽게 말한다는 관점에서 1~2초 정도의 사이를 두면 적당할 것입니다.

필자가 분석한 바에 따르면 마침표 뒤에 두는 사이의 평균 시간은 1.26초입니다. 상위 10%는 2.31초, 하위 10%는 0.68초입니다. 평균 수치에서 알 수 있듯이 적절한 사이를 두는 사람은 매우 드뭅니다. 한 방향으로 말할 때의 2초는 상상보다 길게 느껴지기 때문에 익숙하지 않으면 활용하기 쉽지 않습니다. 하지만 잘만 구사하면 듣기 쉬운 말하기를 하는 데에 큰 도움을 주니 용기를 가지고 꼭 실천해 봅시다.

💬 마침표 이외의 부분은 '사이를 두지 않는다'

한 가지 주의할 점으로 마침표 이외의 부분은 지나치게 사이를 많이 두지 않는 것이 좋습니다. 왜냐하면 쉼표의 사이가 너무 길면 이야기가 토막 난 것처럼 흐름이 끊기기 때문입니다. '잠시 말을 멈춘다'라는 느낌 정도가 좋습니다.

요컨대 마침표와 쉼표에 차이를 두는 것이 중요합니다. 마침표와 쉼표의 사이가 비슷하면 이야기를 어떻게 나눠서 들어야 할지 난감할 수 있습니다. 마침표는 2초, 쉼표는 1초 이하라는 의식을 가지면 듣기 편한 말하기를 할 수 있습니다. 마침표와 쉼표의 차이를 잘 구분 짓도록 합시다.

마침표나 쉼표 이외에도 드물게 사이를 두기도 하지만 사이가 지나치게 많으면 마찬가지로 이야기가 토막 난 것처럼 들려 알아듣기 힘든 말하기가 됩니다. 예를 들면 다음과 같은 느낌입니다.

여러분 안녕하세요, 스피치 라이터 지바 가오리입니다. 오늘은 제가 '말하기 교육 서비스'에 대해 자세히 알려드리겠습니다.

마침표나 쉼표가 없는 부분까지 이야기가 구분되어 말이 매끄럽게 이어지지 않습니다. 또한 문장이 길게 느껴져서 알아듣기 어렵다는 인상을 줄 수 있습니다. 마침표나 쉼표에서 숨을 쉰다는 느낌으로 말하면 다음과 같습니다.

☺ GOOD

여러분 안녕하세요, **0.8초 사이** 스피치라이터 지바 가오리입니다. **2초 사이** 오늘은 제가 '말하기 교육 서비스'에 대해, **0.8초 사이** 자세히 알려드리겠습니다.

훨씬 자연스럽다고 느껴지실 것입니다. 자신이 천천히 읽어야 정확히 말할 수 있다거나 듣는 이가 알기 쉬우리라고 생각해 사이를 지나치게 많이 두는 것은 추천할 수 없습니다.

💬 '질문'이나 '접속사'를 활용한 사이 두기

마침표와 쉼표 이외에도 사이를 고려해야 할 부분이 있습니다.

우선은 '질문'입니다. 문장부호로 말하면 '물음표'입니다. 질문을 한 후에는 사이를 2초 이상 두기를 추천합니다.

☹️ BAD ───────────────────────────────

여러분, 자신의 '말하기'에 대해서 생각해 본 적이 있나요? **0.8초**

저는~

😊 GOOD ───────────────────────────────

여러분, 자신의 '말하기'에 대해서 생각해 본 적이 있나요? **3초**

저는~

'저는~'이라고 바로 이야기를 이어가면 듣는 사람은 질문을 받았다고 느끼지 못합니다. 또한 암기한 대본을 읽는 듯한 인상마저 줍니다. 질문을 한 뒤에 곧바로 이야기를 이어가는 실수를 범하는 사람은 정말로 많습니다. 질문의 목적을 기억해 주기 바랍니다. 질문을 하는 이유는 청중들이 그 질문에 대해 생각해 보기를 바라기 때문입니다. 그렇다면 사이를 둬서 생각할 시간을 줘야 합니다.

듣는 사람이 생각하는 시간을 가질 수 있도록 질문 후에는 2초 이상 사이를 둡시다. 일대일이나 적은 인원으로 대화할 때는 묻고 난 후에 상대의 답변을 제대로 듣고 생각을 공유하는 것도 매우 효과적입니다. 그리고 '접속사' 앞뒤에도 사이를 효과적으로 사용할 수 있습니다. 접속사 전후에는 이야기의 내용이 많이 달라지기 때문입니다. 또 역접을 나타내는 접속사가 나오면 듣는 이는 다음 이야기가 어떻게 나올지 알 수 없으므로 사이를 둬서 기대감을 줄 수 있습니다.

《오체불만족》의 작가 오토타케 히로타다는 사이를 능숙하게 사용하는 인물 중 한 명입니다. 그는 강연가로서 표현력을 무기로 다양한 방면에서 활약 중입니다.

여기까지 117미터를 걸을 수 있게 될 때까지 4년 반이 걸렸습니다. 하지만, **2초 사이** 걸어 냈습니다. 어려웠지만 불가능하지는 않았습니다. **6초 사이** 첨단 기술과 함께한 분들의 노력과 도움으로 여기까지 올 수 있었습니다.

역접의 접속사 '하지만'을 이야기의 비교적 앞부분에 사용했고 2초 동안 사이를 둔 뒤에 '걸어 냈습니다.'라고 말했습니다. 그리고 '어려웠지만 불가능하지는 않았습니다.'라는 이른바 코어 메시지

뒤에 6초간 침묵해서 메시지에 큰 여운을 남겼습니다. 이와 같이 주목을 바라는 부분, 이야기가 전환되는 부분 등에 사이를 적절히 사용하면 듣는 사람의 마음을 사로잡는 효과를 낼 수 있습니다.

실제로 자신이 말할 때 얼마나 사이를 두는지 알고 싶다면 스마트폰 등 스톱워치의 랩 기능이 편리합니다. 마침표 부분에서 '랩'을 누르고 다음 말을 시작하는 순간 다시 '랩'을 누릅니다. 말하기를 마친 후 스톱워치를 멈춰 보면 말하는 구간의 시간과 사이 구간의 시간을 교대로 확인할 수 있습니다. 혼자서 테스트하기 어렵다면 누군가의 도움을 받아 실천해 봅시다.

말하기의 적 '추임새' 없애기

추임새는 말할 때 반드시 없애야 하는 불필요한 버릇입니다. '에…', '저…', '어…'와 같이 무의식적으로 내뱉는 불필요한 추임새는 말하기의 적입니다. 한 문장의 길이는 짧아야 한다고 '제3원칙'에서 설명했습니다. 그런데 추임새가 들어가면 한 문장이 길어집니다. '××였는데, 에…, 그때는, 에…' 이런 식입니다. 이야기가 장황해져 듣는 이의 이해도를 떨어트립니다.

또한 추임새는 생각이 정리되지 않았다는 인상도 줍니다. 원고는 완벽해도 말하기가 원활하지 않으면 '뭘 알고 이야기하는 게 맞나?'하고 오해받기 십상입니다. 추임새는 할 말을 생각하거나 고를 때 범하기 쉬운 실수인데 빈도수를 최대한 줄이면 전반적으로 듣기 편하고 당당한 말하기가 됩니다.

사업가는 다양한 상황에서 말할 기회가 많지만 추임새를 지적하는 사람은 별로 없어서 자신의 상황을 인지하지 못하는 경우도 많습니다. 또 정치인은 가두 인사 등을 포함하여 즉흥적으로 길게 말해야 하는 상황에서 어쩔 수 없이 추임새를 넣고 마는 경우도 많습니다. 개인적인 생각인데 아마도 뒷말을 생각하려고 추임새를 써서 일부러 이야기를 미루고 늦추는 사람도 상당수 있어 보입니다.

💬 추임새를 인식해서 추임새 없애기

추임새를 없애는 첫걸음은 '추임새 인식하기'입니다. 뭔가 묘한 표현이지만 원래 추임새는 무의식적으로 나오는 말입니다. 스스로도 알지 못하는 사람이 많습니다. 자신의 상황을 알지 못하면 아무것도 시작할 수 없습니다. 그런 의미에서 인식이 첫걸음입니다.

어디서든 통하는 말하기 SKILL

기술적인 해결 방법은 몇 가지가 있습니다. 가령 의식적으로 '마침표 뒤에 사이를 명확히 확보'하는 방법도 있습니다. 앞서 설명한 바와 같이 사이는 침묵의 시간이므로 추임새도 있어서는 안 됩니다. 침묵을 통해 추임새를 줄였다는 사람도 많습니다. 또 다른 방법은 한 문장을 짧게 구성하여 **최대한 숨을 다 내쉬며 다 말하는 방법**입니다. 이렇게 한 문장을 전부 말하고 나며 바로 숨을 쉬어 줘야 합니다. 그래서 결과적으로 무의미한 추임새를 할 틈이 없습니다.

이렇게 여러 가지 방법이 있는 이유는 사실 추임새를 없애기가 그만큼 어렵고, 없애려면 충분한 시간을 들여 꾸준히 연습해 갈 수밖에 없기 때문입니다. 아무래도 무의식적으로 나오는 말을 없애려면 상당한 노력이 필요합니다. 사람마다 적절한 방법이 다르므로 다양하게 시도해 보기 바랍니다.

참고로 필자는 추임새 없애기만 집중해서 몇 번이고 말하기 연습을 시킵니다. 다양한 트레이닝을 거치면 대략 3개월 정도면 상당히 개선됩니다. 완전히 고치는 사람도 많습니다. 30분 동안 190회나 추임새를 하던 사람이 3개월 트레이닝으로 30분 동안 5회 정도로 크게 줄인 사례도 있습니다.

💬 추임새는 누구나 없앨 수 있다

지금부터는 추임새의 종류별로 고치는 방법을 설명하겠습니다.

먼저 '글머리에 나오는 추임새'입니다. 이 경우는 '에…', '오늘은…', '그럼…' 등과 같은 추임새가 많은데 부드럽게 이야기를 시작하려다 보니 생긴 버릇입니다. 의미 없는 서론은 추임새를 조장합니다. '본론'부터 이야기하겠다는 의식을 가져야 합니다. 그리고 마침표가 나오면 새로운 문장이 시작하므로 다시 추임새가 나올 수 있습니다. 마침표 후에는 적당히 사이를 두고 침착하게 다음 문장으로 이어갑니다.

글머리에 추임새가 많은 사람은 말할 준비가 안 된 상황에서 다음 문장을 말하려고 서두르다가 생기는 경우가 많습니다. 이럴 때는 2초 정도 침묵한 후에 다음 문장으로 넘어가는 연습을 하면 좋습니다. 다음 문장을 어떻게 말할지 생각할 여유도 생기도 글머리의 추임새를 없애는 효과도 있습니다.

다음으로는 말하는 속도가 지나치게 빠르지 않은지도 확인해야합니다. '에…', '저…'와 같은 추임새가 많은 이유 중에는 생각이 말의 속도를 따라가지 못하는 경우가 매우 많습니다. 우선 침착하게 평소보다느린 속도로 이야기하겠다는 의식을 갖기를 바랍니다. 또 목소리

어디서든 통하는 말하기 SKILL

를 크게 내면 자연스럽게 말하는 속도가 느려지기 때문에 효과적입니다.

문절 추임새는 글머리 추임새처럼 '언제 나올지' 명확하지 않아 트레이닝이 번거롭기도 합니다. 자신이 이야기하는 모습을 녹화하거나 주위 사람에게 살피도록 요청해서 자주 사용하는 추임새나 자주 나오는 부분 등 자신의 경향을 파악하도록 합시다. 이렇게 문제점을 자각한 후에 트레이닝을 시작해야 효과적으로 개선할 수 있습니다.

어쨌든 자신의 경향을 인식하는 것이 먼저입니다. 그리고 그것을 근거로 말하는 속도를 조정하거나 사이를 확보하는 등 적절한 방법으로 접근해야 합니다. 추임새는 의식적으로 노력해야 개선할 수 있습니다. 자신감을 가지고 꾸준히 연습해야 합니다.

💬 추임새를 넣어도 문제없는 사람

'말하기의 신'으로 불리는 매우 수준 높은 기술을 보유한 사람은 추임새를 써도 문제가 되지 않는 경우도 많습니다. 예를 들어 유명 사회자나 MC들은 추임새를 넣어서 진행 시 곤혹스러움이나 분노와 같은 감정을 드러내 시청자들의 공감을 자아냅니다. 출연자에게 질문할 때 '대답하시기 어려울지도 모르겠지만……'이라고 하며 특별히 의미를 부여하거나 생각할 시간을 줘서 상대를 배려하기도 합니다. 그 밖에도 코미디언 등은 일부러 추임새를 사용해서 웃음을 주기도 합니다. 물론 그들은 표현의 전문가이며 이야기에 대한 반응 속도, 적절한 문장의 길이, 목소리의 톤 등 모든 면에서 말하기의 퀄리티를 유지하기 때문에 추임새가 전혀 신경 쓰이지 않습니다. 이는 커뮤니케이션을 특별히 훈련하는 사람이 도달할 수 있는 수준의 말하기입니다. 일반적으로는 우선은 추임새를 없애는 것이 중요합니다.

필자는 강연이나 트레이닝, 영업 상담 등에서는 추임새를 일절 내지 않는 모드로 전환하여 이야기합니다. 하지만 평소 대화나 내부 회의 등 편안한 상황에서는 추임새를 넣기도 합니다. 이렇게 추임새를 자유자재로 구사할 수 있으면 상황에 맞는 말하기가 가능해지면 표현의 폭도 넓어집니다. 그러므로 우선은 추임새를 없애는 훈련부터 시작해야 합니다. 다시 강조해서 말하지만 첫 번째는 자신의 '추임새 인식'이 먼저입니다. 자신의 추임새가 어떤지 안다면 이미 추임새를 없애는 첫걸음을 내디딘 것입니다.

"

신체 표현

신뢰도를 높이는 움직임

"

💬 '동작 하나'로 크게 달라지는 신뢰도

갑작스러운 질문이지만 이야기에 신뢰를 주기 위해 필요한 것은 무엇일까요? 지금까지 설명해 온 '언어'나 '음성'도 필요하지만 지금부터 설명할 '동작'이야말로 말하는 사람의 신뢰도에 큰 영향을 줍니다. '말하는 내용'이나 '목소리의 상태'가 아무리 세련되어도 몸의 중심을 좌우로 흔들거나 초조한 나머지 손발을 계속 까딱거리면 듣는 사람은 아무래도 위화감이 생깁니다.

신뢰감은 '몸에서 나타나는 것'입니다.

이번 장에서는 이야기할 때 발의 움직임이나 중심, 표정, 서 있는 위치, 제스처와 같은 몸의 '동작'에 관한 기술을 설명하겠습니다. 당당한 자세를 익혀 시각적인 표현력도 길러 봅시다.

💬 안정적인 '토대' 구축하기

우선 신뢰감을 주기 위한 자세부터 살펴보겠습니다. '발'의 위치, '중심'의 위치 등 발에서부터 확실한 '토대'를 구축하는 것이 중요합니다.

어디서든 통하는 말하기 SKILL

서서 이야기할 때, 몸을 흔들거리며 양발을 들었다 놨다 반복하는 버릇을 가진 사람이나 자꾸 뒷걸음질하는 사람이 제법 많습니다. 이럴 때는 몸의 중심을 의식하며 다리를 벌려 서는 법부터 개선해야 합니다.

발의 위치는 어깨너비 정도로 벌리는 것이 기본입니다. 그런데 한쪽 다리에만 체중을 싣는 경우가 있습니다. 그러면 이야기 도중에 피곤해서 축이 되는 발을 자꾸 바꾸게 되는데 이때 몸이 좌우로 흔들리고 맙니다. 그래서 추천하는 방법은 **발뒤꿈치를 약간 안쪽으로 넣은 상태의 자세를 만드는 것**입니다. 그렇게 하면 전체적으로 중심이 안정되어 흔들림을 막기 쉬워집니다. 몸 전체가 머리 위에서 실로 매달려 있다는 느낌이 들도록 자세를 바로잡는게 중요합니다.

앉아서 이야기할 때는 의자에는 깊게 기대어 앉지 말고 단단히 다리를 지면에 붙이고 중심이 안정되는 위치를 찾아봅시다. 이때도 상반신이 머리 위에서 실로 매달려 있다는 느낌이 드는 자세를 유지해야 합니다. 앉은 자세도 복식 호흡에 영향을 받습니다.

💬 '이상적인 손의 위치' 두 가지

다음은 '손'의 위치입니다.

① 배꼽 앞에서 손을 마주잡는다.
② 다리 라인에 따라 손을 내려놓는다.

이 두 가지를 추천합니다.

배꼽 앞에서 손을 마주잡는 자세의 장점은 중심이 안정되고 고급스러운 인상을 줍니다. 또 이런저런 손동작을 하기에 편한 위치에 손이 있어서 편리합니다. 필자는 배꼽 앞에서 손을 마주잡는 자세를 선호하는 편입니다.

한편 다리 라인을 따라 손을 내려놓는 자세는 자연스럽게 힘을 뺀 모습이라고 할 수 있습니다. 가슴도 펴지므로 보기에도 아름답습니다. 간혹 허리 뒤로 손을 잡는 사람도 있는데 이 자세는 몸이 뒤로 젖혀져 발성이 좋아지지 않으므로 추천하지 않습니다.

앉아서 이야기할 때는 새우등이 되지 않도록 허리를 곧게 펴고 앉읍시다. 장소에 따라서는 발밑이 보이는 경우도 있으므로 자신

어디서든 통하는 말하기 SKILL

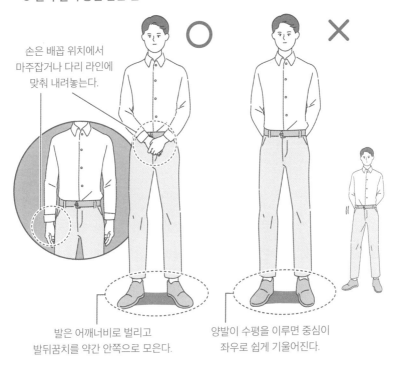

● 손과 발의 중심 잡는 법

손은 배꼽 위치에서
마주잡거나 다리 라인에
맞춰 내려놓는다.

발은 어깨너비로 벌리고
발뒤꿈치를 약간 안쪽으로 모은다.

양발이 수평을 이루면 중심이
좌우로 쉽게 기울어진다.

이 앉는 의자나 책상이 듣는 쪽에 어떻게 보이는지도 확실히 체크하는 것이 좋습니다.

손은 책상 위에 살짝 올려놓고 말하는 것을 추천합니다. 손을 올려놓을 때는 겨드랑이 각도에 따라 인상이 달라지니 기억해 두길 바랍니다. 겨드랑이를 벌리면 전체적으로 어깨 폭이 넓어 보입니다. 또 기분 탓인지 몰라도 팔꿈치를 짚고 있는 것처럼 보일 수 있습니다.

책상 위에 손을 얹을 경우에는 최대한 겨드랑이를 모으면 좋은 자세를 유지할 수 있습니다.

💬 표정 관리는 '말의 의미'에 맞춰 훈련

다음으로 주목할 점은 '표정' 짓는 법입니다.

직접 말로 커뮤니케이션할 때는 상대의 표정도 볼 수 있다는 장점도 있습니다. 표정은 말의 의미나 해석을 명확하게 해 주는 효과가 있어 매우 중요한 요소입니다. 그래서인지 표정에 대한 다양한 고민을 가진 사람이 매우 많습니다. 그중에서도 '말할 때 얼굴이 무서워 보인다'는 고민이 가장 많습니다. 환자를 진찰하는 의사, 보는 눈이 많은 정치인, 이야기할 기회가 많은 경영자 등 고민을 토로하는 사람 등 매우 다양합니다.

다음으로 많은 고민은 '계속 웃는 것처럼 보인다', '진지하지 않다는 말을 듣는다' 등이 있습니다. 어떤 고민이든 개선 방법은 모두 동일합니다. 자신의 표정이 어떤 상태인지 알고 얼굴의 근육 변화에 따라 표정이 어떻게 달라지는지 등을 알 수 있도록 감각적으로 몸에 익히는 것입니다.

어디서든 통하는 말하기 SKILL

이야기 내용에 따라 어느 정도 원하는 표정을 지을 수 있으려면 반복적인 트레이닝이 필요합니다. 트레이닝 방법은 아주 간단합니다. '**거울 앞에서 정해진 말에 맞춰 표정을 바꾸는 연습**'입니다. 긍정적인 부분을 얘기할 때는 밝은 표정, 부정적인 부분에는 어두운 표정을 지을 수 있도록 반복 연습해야 합니다. 이때는 문장을 읽으며 연습하기를 추천합니다. 표정만 연습하면 어색하고 계속하기가 괴롭기도 한데 '문장을 읽고 그 말에 맞는 표정을 짓는다'는 느낌으로 연습하면 어색함도 사라지고 꾸준히 연습할 수 있습니다.

특히 **입과 눈**의 움직임에 주안점을 둬야 합니다. 입은 윗니가 제대로 보일 정도로 벌리고 입꼬리를 올리면 발랄한 인상이 됩니다. 눈은 기쁠 때는 조금 가늘게 뜨듯이 표정을 짓고, 분노나 슬픔을 표현할 때는 미간을 찌푸립니다.

어쨌든 문장의 의미에 맞춰 표정을 바꾸는 훈련을 반복하면서 실전에서도 시험 삼아 해보고 녹화한 영상도 보면서 변화가 없거나 이상한 부분은 없는지 체크하며 트레이닝을 이어가는게 중요합니다.

문장에 맞춰 표정 바꾸기

점선 부분은 진지한 표정, 물결선 부분은 상냥한 표정으로 읽는다. 거울을 보거나 녹화하여 표정이 어떻게 바뀌는지 체크하면서 연습해 보자.

제가 이 부서에 부임한 지 3년이 되었습니다. 솔직히 처음에는 이 부서의 평판은 별로였습니다. 임원들로부터도 '자신이 왜 이 일을 해야 하는지 생각해 보라'는 이야기를 계속 들어야 했습니다. 하지만 3년 동안 그냥 시키는 일만 하는 것이 아니라 회사 전체에 어떻게 공헌할 것인가를 함께 고민했습니다. 그 결과, 올해는 10억 원 이상의 매출을 달성했습니다. 지난해 대비 150% 이상의 성과입니다. 이는 여러분 덕분입니다. 정말 고맙습니다.

우리는 지금 새로운 무대에 설 준비가 되어 있습니다. 내년에는 매출뿐만이 아니라 '시스템화'에 주력합시다. 시스템화가 생산성을 올리고 밝고 긍정적으로 일할 수 있는 밑바탕으로 이어지리라고 생각합니다. 더 많은 고객에게 양질의 서비스할 수 있도록 계속 노력합시다.

위의 예제 문장에 맞춰 진지한 표정과 상냥한 표정을 바꿔 가며 연습해 봅시다. 이처럼 실제로 문장의 의미에 맞게 표정 짓는 연습을 하다 보면 처음에는 수동적인 훈련이었지만 점차 즉흥적으로 표정 지을 수 있을 정도로 몸에 익을 것입니다.

어디서든 통하는 말하기 SKILL

💬 듣는 사람과 눈이 마주치는 순간에 일어나는 일

이어서 '시선'에 대해서 알아보겠습니다.

기본적으로 듣는 사람과 눈을 마주치는 것이 대원칙입니다. 당연한 말이라고 여기는 사람이 대부분일 텐데 의외로 '어디를 보면서 말해야 할지 모르겠다'는 사람도 많습니다. 이야기하는 모습을 동영상으로 촬영해서 확인해 보면 시선이 오락가락하는 경우도 많습니다. 시선을 적절히 컨트롤할 수 있으면 듣는 사람에게 이야기가 자신의 일처럼 느껴지게 만들 수도 있습니다.

어떤 논문에 따르면 시선의 양이 많을수록 발표자에 대한 신뢰도가 상승한다는 결과가 나왔습니다. 즉, 말하는 사람의 시선을 감지한 듣는 사람은 자신에게 말을 걸어 주고 있다는 느낌으로 이야기를 듣게 됩니다. 또한 듣는 사람의 표정을 관찰하면 관심도를 감지할 수 있습니다. 즐거워 보이면 지금의 화제를 좀 더 이어나가고, 지루해 보이면 생략하고 다음 이야기로 넘길 수 있습니다. 듣는 사람의 반응에 주시하면 직감적으로 상황을 감지하여 이야기를 조정할 수 있는 것입니다.

한편으로 시선 때문에 실수를 저지르기도 합니다. 예전에 직원 한 명과 어떤 영업 프레젠테이션을 받은 적이 있었는데 상대 담당자가 대표이사인 저에게만 시선을 줬습니다. 동석하고 있던 직원은 해당 업무의 담당자였기 때문에 이야기를 듣는 중에 불필요한 소외감을 느꼈다고 합니다. 그리고 컨퍼런스 등에 참석해 보면 유독 슬라이드만 계속 보고 이야기하는 발표자도 있습니다. 그런 모습은 듣는 이의 집중력을 떨어트립니다. 또한 한 정치인이 가두 연설 중에 원고만 내려다보고 연설을 해서 SNS에서 화제가 된 적도 있습니다. 이처럼 시선을 주지 않고 이야기를 하면 듣는 사람 입장에서는 아무래도 배려심이 부족하다는 느낌이 들기 마련입니다.

시선은 '배려의 표시'인 셈입니다.

💬 대상이 많을 때 시선의 움직임

경험상 5명 이상에게 일방적으로 말하는 경우라면 모두의 얼굴을 고르게 보는 것은 상당히 난이도가 높습니다. 이런 상황에서는 직접 한 사람 한 사람과 눈을 맞추지 않아도 문제없습니다. **실제로 눈을 맞추지 않지만 듣는 사람이 그렇게 느낄 수 있는 행동을 하면 배려심이 전달됩니다.**

이를 위한 시선의 움직임 세 가지 방법을 추천합니다.

어디서든 통하는 말하기 SKILL

● 전체를 보는 듯한 시선의 움직임

3점 방식	Z 방식	무한대 방식

$\cdot\ \cdot\ \cdot$ ㅤ ㅤ **Z** ㅤ ㅤ **∞**

가운데를 보면서 말을 시작해서 오른쪽→가운데→왼쪽→가운데→오른쪽…과 같이 3점을 의식하면서 시선을 이동시킨다.

공간이 세로로 길 때는 3점 방식에 비스듬한 라인을 더한다. 왼쪽 먼 쪽→우측 먼 쪽→좌측 앞쪽→우측 앞쪽→좌측 먼 쪽……과 같이 시선을 움직인다.

가로 세로가 전체적으로 넓은 공간에서는 '∞(무한대)' 기호처럼 시선을 움직이면 전체를 바라볼 수 있다.

첫 번째는 3점 방식입니다.

말을 시작할 때는 가운데를 보고 다음에 오른쪽을 봅니다. 다시 가운데를 보고 다음에 왼쪽을 봅니다. 그리고 다시 가운데를 봅니다. 가운데→오른쪽→가운데→왼쪽 이렇게 3점으로 시선을 움직이며 이야기하는 방식입니다. 아주 간단하지만 이야기를 듣는 청중 입장에서는 전체를 잘 둘러보는 것처럼 보입니다.

두 번째는 Z 방식입니다. 3점 방식에 비스듬한 라인을 더한 방식입니다. 긴 행사장에서 효과적입니다.

마지막으로 Z 방식을 응용한 ∞(무한대) 방식입니다. 넓은 곳도

빈틈없이 전체를 바라볼 수 있는 방식입니다.

이와 같은 방식을 설명하면 '어느 타이밍에 시선을 전환하면 좋을지 모르겠다'고 질문하는 사람이 많습니다. 가장 흔한 실수는 의욕이 너무 강한 나머지 시선의 움직임이 지나치게 잦아서 침착하지 못하다고 비치는 것입니다. 하나의 문절이나 같은 내용을 말할 때는 무리해서 시선을 움직일 필요는 없습니다. 비슷한 내용이라면 한 방향만 보며 말하거나 한두 문장 정도는 같은 방향을 보고 이야기해도 괜찮습니다.

다음 스크립트를 참고해 봅시다. 서비스의 이름→자기소개(웅변대회)→자기소개(사회인)→생각→사회 배경……이라는 구성으로 개별 정보를 이야기할 때는 시선을 유지하고 바뀌는 타이밍에 시선을 움직입니다. 3점 방식이면 이 정도가 기준입니다.

시선을 움직이는 타이밍

3점 방식이라면 가운데→오른쪽→가운데→왼쪽→가운데로, 각각의 정보가 구분되는 타이밍에 시선을 움직이면 자연스럽다.

....

`가운데` 말하기 트레이닝 'kaeka'에 대해 설명하겠습니다. 잘 부탁드립니다. `오른쪽` 대표인 지바 가오리라고 합니다. 15살 때부터 웅변을 시작

어디서든 통하는 말하기 SKILL

해서 전국 대회에서 세 번 우승하고 총리상을 받았습니다. 가운데 신입으로 입사한 DeNA에서는 스피치 라이팅 트레이닝 프로젝트를 시작해 임직원의 말하기 교육을 담당했습니다. 카에카는 2019년에 창업했습니다. 왼쪽 저는 원래 말이 서툴렀는데 말하기 학습을 통해 자신을 바꿀 수 있었습니다. 이러한 제 경험을 보다 많은 사람과 나누고자 서비스를 운영하고 있습니다. 가운데 6.1시간, 이 시간이 무엇이라고 생각하십니까? 직장인들이 평일 평균 말하는 시간입니다. 오른쪽 여기에는 잡담, 회의 등 다양한 상황이 포함되는데, 대체로 인생의 4분의 1을 이야기하는 데 할애하고 있음을 알 수 있습니다. 가운데 최근, 이런 당연한 인간의 행위가 주목받고 있습니다…

또 하나 주의해야 할 점으로 '시선만' 움직이면 정말로 움직이는지 알기 어렵다는 사실입니다. 얼굴이나 상체도 시선이 향하는 방향으로 함께 움직여야 합니다. 다리까지 움직이면 어색해지므로 얼굴부터 배꼽 근처까지만 눈이 향하는 방향으로 확실히 움직여 '바라본다'는 모습을 어필하는 것이 중요합니다.

많은 사람을 대상으로 이야기할 때는 일일이 모두와 눈을 맞추는 것은 불가능합니다. 그렇지만 듣는 사람의 입장에서는 말하는 사람이 '자신을 향해 이야기하고 있다', '눈을 맞추려고 애쓰고 있다'는 생각을 하게 만드는 것은 매우 중요합니다. 요컨대 눈을 맞추는 행위보다는 전체적으로 잘 살피며 말하는 것처럼 보여야 한다는 것이 핵심입니다.

💬 반드시 한 곳에 서 있으라는 법은 없다

지금부터는 몸의 움직임을 활용하는 방법에 대해 살펴보겠습니다.

먼저 '서 있는 위치'입니다. 서 있는 위치란 말 그대로 이야기할 때 서 있는 장소입니다. 대형 화면을 배경으로 서는 경우도 있고 단상이 놓여 있는 경우도 있습니다. 어쨌든 대부분은 주어진 장소에서 처음부터 끝까지 서서 이야기하기 마련입니다. 하지만 정말 한 곳에만 서서 이야기하는 것이 이상적일까요? '한 곳에만 계속 서 있어야 한다'는 생각을 버리면 의외로 많은 표현의 선택지가 생깁니다. 장소가 넓고 자유롭게 움직일 수 있다면 돌아다니며 이야기하는 것도 가능합니다. 프로젝터 화면으로 가득 찬 비교적 좁은 장소라도 포인터를 들고 듣는 사람 근처까지 전후좌우로 자유롭게 움직이며 이야기할 수도 있습니다.

서 있는 위치의 변화는 '듣는 사람의 집중력을 유지'시키는 큰 효과가

어디서든 통하는 말하기 SKILL

있습니다.

먼저 이야기의 전환을 알기 쉽게 표현할 수 있습니다. 오랜 시간 동안 계속 같은 위치에 서서 목소리만으로 하고 싶은 이야기를 충분히 표현하기는 누구에게나 난이도가 높습니다. 특히 어려운 내용을 이야기하는 자리라면 말하는 템포를 따라갈 수 없어 중도 포기하는 사람도 있을 것입니다. 그래서 이야기 내용이 크게 바뀌는 타이밍에 맞춰 몇 걸음씩 걷는 방법을 익혀서 활용하면 큰 효과를 거둘 수 있습니다. 위치를 바꾸어 새로운 자리에 서서 이야기하는 것만으로도 듣는 사람은 이야기의 내용이 바뀐다는 사실을 감지할 수 있습니다. 이야기의 전환이 알기 쉬우면 내용을 곱씹으며 들을 수 있습니다. 다시 말해 듣는 사람의 이탈을 방지할 수 있고 집중력을 유지시킬 수 있습니다.

그리고 듣는 사람의 시선을 집중시키고 생동감을 표현할 수 있습니다. 말하는 사람이 줄곧 위치를 바꾸지 않고 이야기하면 듣는 사람은 결말이 예상되는 식상한 이야기라고 판단해 버립니다. 그런데 갑자기 서 있는 위치를 바꾸면 어떻게 될까요? 말하는 사람의 움직임에 다소 놀라면서 그 움직임을 시선으로 쫓습니다. 예상치 못한 움직임은 '다음 움직임에서는 어떤 이야기로 이어질까'라는 기대감으로도 이어집니다. 이렇게 서 있는 위치를 바꾸면서 이야기하면 긍정적인 분위기를 조성할 수 있습니다.

이 두 가지 측면에서 서 있는 위치의 변화는 듣는 사람의 집중력 유지에 큰 효과를 주는 것입니다.

💬 '움직임도 계산'에 넣는 스티브 잡스

지금은 전설이 된 2007년의 아이폰 발표 프레젠테이션. 당시 스티브 잡스가 무대를 돌아다니며 이야기하는 모습을 본 사람들은 누가 움직이면서 발표하면 '잡스처럼 이야기한다'라고 말하곤 했습니다. 그런데 그의 프레젠테이션을 보고 '그냥 많이 움직이는구나.' 하고 생각하면 오산입니다.

잘 살펴보면 단순히 움직이는 것이 아니라 이야기 내용이 바뀌는 타이밍에 의도적으로 움직이고 있음을 알 수 있습니다. 클라이맥스인 아이폰을 발표하는 순간에는 화면 앞 한복판에 서서 미디어가 촬영할 때 자신이 한가운데에서 비칠 수 있도록 계산했습니다.

같은 '움직임'이지만, 만약 잡스와 다르게 이야기의 전환과 무관하게 계속 움직이면서 이야기 한다면 어떨까요? 아마도 자신감이 결여된 모습, 뭔가 초조해하는 모습으로 비춰질 것입니다. 바꿔 말하면 '움직이는 타이밍'뿐만 아니라 '움직이지 않는 타이밍'도 결정해야 합니다. 이러한 완급이야말로 '이야기의 전환을 알기 쉽게 한다'

어디서든 통하는 말하기 SKILL

는 목적을 이루게 해 주는 중요한 요소입니다.

💬 서 있는 위치 '6필드의 법칙'

필자는 서 있는 위치를 설명할 때 '6필드의 법칙'을 강조합니다. 무대 위를 가로로 오른쪽·중앙·왼쪽으로 나누고 거기에 앞뒤를 더해 6개의 필드로 나눠서 이동의 흐름을 계획하기 쉽도록 돕는 방법입니다.

● '6필드의 법칙'

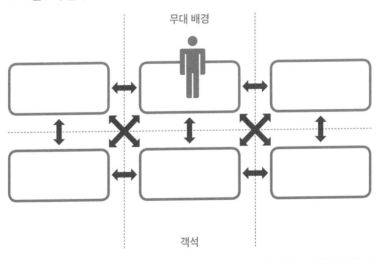

무대를 오른쪽·중앙·왼쪽과 앞뒤로 구분해서 6개 필드로 나눈다. 서 있는 위치를 바꿀 때 이동의 흐름을 계획하기 쉽다.

무대의 넓이는 발표회장에 따라 다르므로 정확할 수는 없지만 이웃하는 필드로 이동하려면 2~3걸음 이상은 움직인다고 생각해 주기 바랍니다.

이동하는 타이밍은 이야기의 내용이 바뀔 때입니다. 지금까지의 이야기를 강조하여 기억에 남기고 싶을 때나 마침표가 나와서 이야기가 일단락되었을 때는 일단 사이를 두고 그 자리에 멈춥니다. 그리고 조금씩 이야기하면서 몇 걸음씩 걸어 다음 필드까지 이동하여 멈춥니다. 이것을 반복함으로써 이야기의 내용을 알기 쉽게 전달할 수 있습니다. 이때 걷는 빈도가 너무 높지 않도록 주의해야 합니다. 서 있는 위치의 변화는 의외로 큰 움직임이므로 이야기 내용에 따라서는 2~3분에 1회 정도가 적절할 수도 있지만, 장소의 크기나 이야기 내용의 전환 정도 등에 따라 움직임의 적절한 횟수는 다릅니다.

프로젝터를 사용한다면 투영되는 위치에 따라 움직이는 방법도 달라집니다. 가령 엄청나게 큰 공연장에서 스크린이 자신의 키보다 높은 위치에 놓여 있다면 6필드 법칙을 그대로도 활용할 수 있지만 키보다 낮아서 움직일 때 화면을 가린다면 중앙의 2개 필드는 피하고 나머지 4개의 필드만 사용하면 됩니다. 이때 4개의 필드에서 6개의 필드로 늘리고 싶다면 '검은색 슬라이드'를 활용하는

어디서든 통하는 말하기 SKILL

방법도 있습니다. 검은색 슬라이드란 정말 새까맣기만 한 슬라이드입니다. 객석에서는 검은 화면만 보이므로 말하는 이가 화면 앞에 서도 그리 큰 문제가 생기지 않습니다. 4필드 밖에 사용할 수 없는 무대임을 사전에 알고 있고, 중요한 메시지는 반드시 중앙에서 말해야 한다는 전략이면 검은색 슬라이드를 활용해 봅시다.

💬 제스처는 생각을 나타내는 무기

마지막으로 '제스처'에 대해 살펴보겠습니다.

제스처를 효과적으로 활용하면 중요 부분에서 말을 강조할 수 있어 이야기의 요점을 훨씬 더 명확하게 전달할 수 있습니다. 또한 서 있는 위치의 변화와 마찬가지로 시각 정보에 변화를 주면 듣는 사람의 주의를 환기해 시선을 모으는 장점도 있습니다.

스티브 잡스는 제스처의 달인이기도 했습니다. 그는 자신의 동작이나 자세로 듣는 사람들을 '매료시키겠다'고 생각했습니다. 잡스는 아이폰 발표 프레젠테이션에서 처음에는 배꼽 정도의 위치에서 제스처를 취하며 이야기했습니다. 하지만 "3개의 독립된 기기가 아닙니다. 통합된 하나의 기기입니다. 우리는 이것을 아이폰이라고 부릅니다."라고 코어 메시지를 언급할 때는 양손을 가슴 높이까지 올려 크게 앞으로 펼치며 이야기합니다.

제스처에 완급을 주어 말을 돋보이게 하려는 의도입니다.

사실 제스처로 여러 가지 표현이 가능합니다. 단순히 말을 강조할 뿐만 아니라 구체적인 생각이나 결의를 더욱 명료하게 나타낼 수도 있습니다. 그러므로 한 손인가, 양손인가, 모양은 어떤가, 손을 내는 각도는 어떤가… 등 제스처의 다양한 패턴은 풍부한 표현과 직결됩니다.

말과 마찬가지로 같은 제스처만 반복하기보다는 조금은 다른 제스처로 완급을 주면 이야기가 훨씬 매력적으로 들립니다. 제스처도 자신의 기분이나 하고 싶은 말에 맞춰 말을 고르듯이 자유롭게 구사할 수 있으면 큰 무기가 될 것입니다.

제스처는 몸의 어떤 부분을 사용할지, 어떤 위치로 내놓을지, 어떻게 움직일지 등 셀 수 없을 정도로 변형이 가능합니다. 그중에서 알아두면 좋은 몇 가지를 설명하겠습니다. 참고로 표정이나 목의 움직임 등도 제스처라고 부르지만 이 책에서는 '손의 움직임'을 중심으로 다루도록 하겠습니다.

어디서든 통하는 말하기 SKILL

눈높이에서 크고 당당하게

억양 표현은 3배 정도 더 커야 보통으로 들립니다. 이는 제스처도 마찬가지입니다. 흔한 실수로 제스처의 위치가 너무 낮아 듣는 사람에게 인식되지 않는 경우가 있습니다. 제스처의 원래 역할을 생각해 보면 이런 실수를 막을 수 있습니다. 제스처는 말과 생각을 적절하게 강조하고 표현해서 듣는 사람에게 알기 쉽게 전달되도록 하기 위함입니다. 그런 이유라면 자신의 배보다 낮은 위치에서 취하는 제스처는 부적절하다는 것을 알 수 있습니다. 여러분의 눈을 보고 이야기를 듣고 있는 사람에게는 배보다 아래에 있는 손은 시야에 들어오지 않기 때문에 효과적이지 않습니다.

또 다른 목적은 제스처를 통한 시각적 변화로 이야기가 지루해짐을 방지하기 위함입니다. 이 또한 너무 낮은 위치에서 제스처를 취하면 애초에 시각적 변화는 없는 것과 마찬가지입니다.

그러므로 제스처는 크고 당당하게 취하기를 추천합니다. 구체적으로는 손끝이 자신의 눈높이 정도까지 올라가도록 합시다. 또한 높이 유지를 위해 겨드랑이는 테니스공이 한 개 들어갈 정도로 벌리기를 추천합니다. 팔이 몸에 붙은 상태에 제스처를 취하면 전체적으로 작아 보이고 눈높이를 유지하기가 어려울 수 있습니다. 겨드랑이에 테니스공이 한 개 들어갈 정도의 각도라면 자연스럽고 충분한

● 제스처 취하는 법

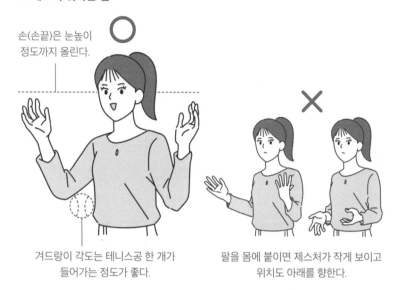

손(손끝)은 눈높이 정도까지 올린다.

겨드랑이 각도는 테니스공 한 개가 들어가는 정도가 좋다.

팔을 몸에 붙이면 제스처가 작게 보이고 위치도 아래를 향한다.

크기로 제스처를 취할 수 있습니다. 겨드랑이 각도가 지나치게 넓으면 양 팔꿈치가 옆으로 넓어져서 제스처가 과장되고 부자연스러운 동작으로 보일 수 있으므로 주의합시다.

최근에는 동영상 콘텐츠로 만들어서 이야기를 전하는 사례도 많은데, 보통 전신보다는 상반신만 나오는 경우가 많습니다. 온라인 영상물을 봐도 몸의 윗부분만 촬영하는 형식이 표준인 듯합니다. 이럴 때도 마찬가지로 자신의 눈높이까지 제스처를 취하면 화면 너머로 볼 때도 문제없이 잘 전할 수 있습니다.

💬 제스처의 핵심은 '움직임'보다는 '멈춤'

제스처라고 하면 움직여야 한다는 이미지가 강할지 모르겠습니다. 하지만 실은 '움직임'보다는 '멈춤'이 핵심입니다. 이 또한 제스처를 취하는 목적을 생각해 보면 쉽게 이해할 수 있습니다. 제스처의 목적은 단어나 구절의 강조입니다. 그런데 가령 "첫 번째는 말하기의 중요성에 대해서입니다."라고 이야기할 때 다음 예제와 같이 굵은 글씨 부분에서만 손가락 하나를 드는 제스처를 취하고 '말하기'라는 단어가 나올 때 손가락을 내리는 경우가 일반적입니다.

☹ BAD

첫 번째는 말하기의 중요성에 대해서입니다.

이래서는 실제로 전하고 싶은 말인 '말하기의 중요성'이라는 메시지가 강조되지 않아 제스처의 의미가 퇴색되고 맙니다. 적어도 '강조하고 싶은 단어가 나올 때까지는 제스처를 유지'하는 것이 좋습니다. 기본적으로 강조하고 싶은 말을 포함한 한 문장이 끝날 때까지는 제스처를 계속 유지하기를 권장합니다.

☺ GOOD

첫 번째는 말하기의 중요성에 대해서입니다.

즉 이 한 문장을 다 이야기할 때까지는 제스처를 멈추는 게 좋습니다. 이렇게 팔을 올린 상태로 유지하는 모습은 듣는 사람에게 지금 이야기의 중요성을 깨닫게 해 줍니다. 마침표가 나왔는데도 계속 제스처를 유지해서 이야기하면 '전부를 강조'한다는 인상을 줄 수 있으므로 제스처 본래의 목적을 달성할 수 없습니다.

'한 문장까지'임을 꼭 기억해야 합니다.

지루하지 않을 정도만

제스처의 횟수에 대해 어느 정도가 적절한지 궁금해 하는 사람도 많습니다. 이는 상황이나 이야기의 길이에 따르므로 정답은 없습니다. 강조할 때 사용한다는 원칙을 생각하면 분당 1~3회 정도여야 위화감이 없습니다. 2~3분에 1회 정도도 문제없지만 1분에 4회 이상이면 다소 많다는 인상입니다. 1분에 수십 번씩 취할 정도는 아니라는 의식만 가지고 있으면 적절한 빈도를 유지할 수 있습니다. 물론 제스처의 종류에 따라 다르지만 보기에 '과하지 않고 자연스럽다'면 괜찮다고 봐도 좋겠습니다.

그리고 타이밍도 요령이 있습니다. 제스처는 강조하고 싶은 말보다 앞서서 취하기를 추천합니다. 다음은 가령 "드릴 말씀은 세 가지입니다."와 같은 말에 제스처를 취할 때 범하기 쉬운 실패 사례입니다.

드릴 말씀은 세 가지입니다.

강조하고 싶은 말이 나온 후에 제스처를 취하면 이야기의 흐름을 놓친 사실을 알리는 꼴이므로 시각 정보로써 효과가 반감합니다. TV 프로그램의 자막을 보면 출연자가 말을 꺼내는 타이밍과 거의 동시이거나 직전에 표시됩니다. 이와 비슷하다고 생각하면 이해하기 편할 것입니다.

드릴 말씀은 세 가지입니다.

해당 문구를 말하기 직전에 제스처를 취해야 진정한 의미의 강조라고 할 수 있습니다.

💬 '묵찌빠'를 활용한 제스처

여기서는 손의 형태에 따른 효과를 알아보겠습니다. 필자는 '묵찌빠'를 기본형으로 두고 구사합니다.

주먹을 쥔 모양인 '묵'은 강한 인상을 줄 수 있습니다. 정치인이 연설 도중에 청중에게 힘차게 말할 때 자주 사용합니다. 기업 프레젠테이션에서는 별로 볼 수 없는 제스처지만 강력한 의지나 열의를 보이고 싶을 때 사용해 봐도 좋을 것입니다.

'찌'는 숫자를 나타내는 동작을 총칭하는 동작이라고 생각하면 됩니다. '첫 번째는 이것, 두 번째는 이것…'과 같이 '넘버링'할 때 알기 쉽게 활용할 수 있습니다. 드문 사례지만 숫자를 세는 경우가 아니라도 검지를 세워서 이야기하면 긍정적인 인상이나 중요함을 나타내는 의지 표명으로 활용할 수 있습니다.

'빠'는 손을 벌리는 방법에 따라 인상이 크게 바뀝니다. 손가락을 붙여 '빠'를 내면 이성적이고 단정한 분위기를 연출할 수 있습니다. 화면 등을 가리킬 때도 검지 하나로 가리키는 것보다 세련된 인상을 줄 수 있습니다. 손가락을 벌려서 내면 전체적으로 힘이 넘치고 자연스러운 인상을 줄 수 있습니다. 이야기 속에서 강인함을 나타내고 싶을 때는 효과적입니다.

'빠'는 어떤 이야기에도 어울리는 가장 일반적인 제스처의 형태

어디서든 통하는 말하기 SKILL

● 제스처의 기본 '묵찌빠' 법칙

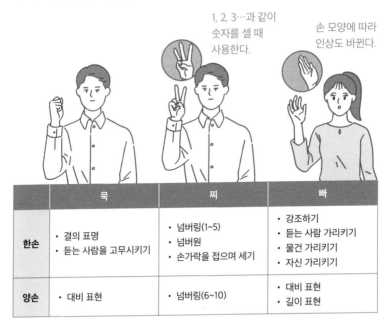

1, 2, 3…과 같이 숫자를 셀 때 사용한다.

손 모양에 따라 인상도 바뀐다.

	묵	찌	빠
한손	• 결의 표명 • 듣는 사람을 고무시키기	• 넘버링(1~5) • 넘버원 • 손가락을 접으며 세기	• 강조하기 • 듣는 사람 가리키기 • 물건 가리키기 • 자신 가리키기
양손	• 대비 표현	• 넘버링(6~10)	• 대비 표현 • 길이 표현

라서 많은 사람들이 사용해 본 경험이 있을 것입니다. 손가락을 붙이거나 벌리는 동작까지 활용하면 더욱 폭넓은 표현을 구사할 수 있습니다. 강조하고 싶은 부분에서 앞으로 내밀기, 손바닥을 위로 향하여 상대에게 손을 내밀기, 가슴의 위치에서 자신을 가리키며 마음이 담긴 이야기임을 전하기 등 다양한 표현이 가능합니다.

또한 '빠'는 양손으로 내미는 모양을 취하면 '결정적인 순간'을 멋지게 장식할 수도 있습니다. 감싸는 듯한 일체감, 긍정적이고 열린 마음을 나타내거나 듣는 이 전체를 대상으로 짙은 호소를 할 때도 효과적입니다.

이 밖에도 아이디어에 따라 제스처의 종류는 무궁무진합니다.

억양에 매력을 더하는 제스처

지금까지 수많은 말하기 트레이닝을 해 오면서 '의식적인 제스처'가 부가적인 효과도 얻을 수 있다는 사실을 깨닫게 되었습니다.

- **목소리의 크기** : 제스처에 맞춰 목소리를 크게 내면 보다 멀리까지 전달할 수 있다.
- **목소리의 높이** : 제스처에 맞춰 목소리에 힘을 붙이면 평소보다 높은 목소리를 낼 수 있다.
- **목소리의 속도** : 제스처에 맞춰 말하면 목소리의 속도를 조절할 수 있다.

즉 제스처로 억양 전체를 긍정적인 방향으로 향상시킬 수 있습니다.

제스처가 없다고 특별히 문제 될 것은 없지만 비교적 열의가 부족해 보일 수 있습니다. 풍부한 표현으로 알기 쉽게 전달하겠다

어디서든 통하는 말하기 SKILL

면 제스처는 빼놓을 수 없는 약방의 감초와 같은 역할을 해줄 것입니다.

온라인에서도 중요한 것은 변하지 않는다

지금까지 설명한 음성 및 동작은 오프라인에 비해 온라인상에서는 그 뉘앙스까지 전달하기는 아무래도 한계가 있습니다. 비언어 정보의 효과를 크게 기대할 수 없고 언어 정보가 직접적으로 전달되므로 얼마나 세련되고 알기 쉬운 말로 전달할지 고민해야 합니다. 그뿐만 아니라 쌍방향 커뮤니케이션도 의식해야 하는 등 몇 가지 주의해야 할 점도 있습니다. 하지만 지금까지 이 책을 읽은 독자 여러분이라면 이미 알아차렸을지도 모르겠습니다. 즉 '오프라인과 크게 다르지 않다'는 것입니다.

커뮤니케이션 수단의 차이는 분명히 이해해야겠지만, 앞서 설명한 기술 중 어느 부분을 어느 정도로 활용해서 표현하면 좋을지를 고려해서 표현한다는 점은 변함없습니다. 기본적으로 이 책에서 설명한 모든 내용은 온라인상에서도 전혀 문제없으며, 오히려 적극적으로 사용하기를 권장합니다. '온라인이라서요…'라는 변명은 이 책의 모든 내용을 익히고 나면 더 이상 필요 없을 것입니다.

끝까지 읽어 주셔서 감사합니다.

저는 지금까지 정말 많은 분들에게 말하기 트레이닝을 제공해 왔습니다. 그중에는 비약적으로 개선된 분도 계시지만 좀처럼 나아지지 않는 분도 계십니다. 어떤 차이가 있을까요? 그것은 '솔직함'입니다.

말하기가 개선된 분들은 배운 대로 실천합니다. 익힌 감각을 솔직하게 받아들이고 잘되지 않으면 다른 방법을 궁리해 다시 실천합니다. 반면에 좀처럼 개선되지 않는 분은 배운 대로 실천하기를 어색해하고 부끄러워하며 중간에 포기하고 맙니다. 자신의 말하기에 위화감을 느끼지만 고치지 못하고 자기 방식을 계속 고수합니다. 둘의 차이점은 제시한 여러 가지 방법론을 의심 없이 받아들이고 실천하느냐, 아니면 의심하느라 시간만 보내느냐로 갈립니다.

이 책은 '말하기 SKILL'을 체계화하여 각각을 소개했습니다.

체계화는 '말하기에 정답은 없다'고 인정하면서도 이상적인 말하기를 추구한 노력의 결과물입니다. 이상적인 커뮤니케이션은 상황이나 관계에 따라 시시각각 변한다는 사실을 잘 이해하고 있습니다. 말하기는 그야말로 '날 것' 그 자체입니다. 그런 의미에서 이 책의 체계화에 대해 하나하나 따지고 들면 얼마든지 구멍을 찾을 수 있습니다. 의심하려면 한도 끝도 없습니다. 그렇기 때문에 구멍을 찾고 의심하는 것이 아니라 자신의 실생활에 구체적으로 적용해 보겠다는 '솔직함'을 가졌으면 합니다. 이런 마음가짐만 있으면 여러분의 말하기는 크게 성장할 것입니다.

25살에 카에카를 창업하면서 말하기 학습으로 쌓은 경험을 혼자만 독차지하지 않고 사회에 환원하기로 결심했습니다. 지극히 평범하던 제가 삶을 풍성하게 만들 수 있었던 것은 숨은 재능 덕분이 아니라 단지 운이 좋았을 뿐입니다. 우연히 얻은 귀한 경험은 말하기 교육을 널리 알려야 한다는 사명감을 낳았습니다.

저의 목표는 전국에 말하기 교육을 알리고 누구나 말하기를 갈

고닦을 수 있는 사회를 실현하는 것입니다. 그리고 말하기가 의무교육이 되어 교과서에 실리도록 노력할 것입니다. 말하기가 바뀌면 하고 싶은 일을 실현할 수 있습니다. 사람들과 협력하며 긍정적인 삶을 살 수 있습니다. 의견 대립에도 각자의 이야기에 귀를 기울여 서로를 인정할 수 있습니다.

'말하기'는 사회 전체를 풍요롭게 가꾸는 훌륭한 수단입니다.

저는 확고한 야심과 넘치는 열의를 가슴에 품고 앞으로도 말하기 교육의 전파자로서 여러 회원과 고객들의 요청을 성실히 수행해 갈 것입니다. 이 책이 여러분의 말하기를 개선하는 파트너와 같은 존재가 되기를 기대합니다. 곁에 두고 필요할 때 활용해 주기 바랍니다.

마지막으로 이 책을 제작하는데 힘을 보태주신 출판사의 야나기사와 씨, 카에카를 통해 말하기를 진지하게 바라봐 주시는 회원이나 고객 여러분, 제가 그리는 미래를 믿고 적극적으로 도전하는 카에카의 임직원 여러분께 진심으로 감사의 말씀을 드립니다. 도움을 주신 모두의 노력이 여러분의 삶을 밝게 비추기를 간절히 바랍니다.

2024년 4월 새벽 3시, 고요한 쪽빛 하늘 아래에서

지바 가오리